辽宁师范大学学术文库

双语策略的效果研究

"预习—阅读—复习"双语教学法在使用美国手语/英语的聋人学生和使用西班牙语/英语的墨西哥裔美籍健听学生理解科学概念上的作用

Research on the Outcomes of Bilingual Education

Preview-View-Review on the Comprehension of Science Concepts by Deaf ASL/English and Hearing Mexican-American Spanish/English Bilingual Students

李　颖/著

任媛媛
韩　梅/译

辽宁师范大学出版社

·大连·

图书在版编目(CIP)数据

双语策略的效果研究:"预习—阅读—复习"双语教学法在使用美国手语、英语的聋人学生和使用西班牙语、英语的墨西哥裔美籍健听学生理解科学概念上的作用/李颖著.—大连:辽宁师范大学出版社,2009.4
ISBN 978-7-81103-925-2

Ⅰ.双…　Ⅱ.李…　Ⅲ.聋哑教育-教学法-研究
Ⅳ.G762.2

中国版本图书馆 CIP 数据核字(2009)第 057390 号

出 版 人:程培杰
责任编辑:陈伟荣
责任校对:于志杰
封面设计:王尚楠

出 版 者:辽宁师范大学出版社
地　　址:大连市黄河路 850 号
邮　　编:116029
营销电话:(0411)84206854　84215261
印 刷 者:大连金华光彩色印刷有限公司
发 行 者:辽宁师范大学出版社

幅面尺寸:170mm×230mm
印　　张:14.25
字　　数:275 千字

出版时间:2009 年 5 月第 1 版
印刷时间:2009 年 5 月第 1 次印刷
书　　号:ISBN 978-7-81103-925-2

定　　价:29.80 元

张海迪给本书作者的一封信

亲爱的李颖小妹妹：

你好！

收到你的来信我非常高兴！看到你寄来的照片，我想起那一年见到你的情景。当我知道你是一个听力残疾的孩子，心里涌起无限同情，可是知道你在那么努力地学习，我又感到很欣慰。我和你握手的那一刻，感到了我们共有的力量——那就是不怕困难，百折不挠！我知道你会找到自己的希望，实现美好的理想。

时间多么快啊，一晃十几年就过去了，你在学业上取得了这么大的进步，我真的为你骄傲！你很小的年纪就远涉重洋，到美国去读书，这对一个健康的孩子都不是容易的事情。我能想象你克服了多少困难，我也能想象，你在这十几年里怎样刻苦地学习。你不但获得了那么多荣誉，还成为留美的听力障碍的博士生。你以优异的成绩证明了残疾人的不屈意志，也为我们的祖国争得了荣誉。亲爱的李颖，你是祖国的好女儿！

在这封信里，我要向你表示祝贺，你的奋斗经历再一次证明，健康人能做到的事，残疾人只要努力也能做到。生活的道路从来都不是平坦的，每个人都会遇到困难或是障碍，这就需要有一种精神，就是坚韧不拔、勇敢顽强的精神，在没有路的地方，奋力开拓，走出一条通往光明的路。尤其是残疾人更要有战胜困境的决心，只要有坚持的精神，生命就会创造奇迹。我希望残疾人发奋学习，还要用自己的成绩来鼓舞更多的残疾人兄弟姐妹走向广阔的生活田野。你为大家做了一个好榜样！

你说你的博士论文《双语策略的效果研究——"预习—阅读—复习"双语教学法在使用美国手语/英语的聋人学生和使用西班牙语/英语的墨西哥裔美籍健听学生理解科学概念上的作用》就要出版了，这真是一个好消息！来吧，亲爱的李颖，让我再一次握住你的手，对你说祝贺！我期待早日看到这部论文，中国残疾人事业的发展需要很多理论的支持，在特殊教育方面，我们也需要先进的教育思想，培养更好的老师，而只有好老师才能培养出好学生啊！从这点说，你的论文是非常有意义的。

今夜给你写信，我想了很多事，想到了残疾人的过去、现在和未来，过去由于种种原因，很多残疾人失去了读书的机会，现在我们的国力增强了，残疾人事业也在快速发展，越来越多的残疾孩子获得了学习的机会，一些聋孩子还接受了语言训练，这就为他们更好地融入社会生活打下了好的基础。学习对残疾人是重要的，知识也许能改变一个人的命运，因为知识就是力量，学习了知识和技能才能为社会服务。所以，我希望残疾人能有更好的学习条件，相信随着我们社会文明的进步，残疾人心中的愿望一定能实现！

现在已经是凌晨了，你那里的太阳也许正是最辉煌的时刻，我要和你说再见了。最后，我要把最美好的祝福送给你，祝你学业进步，生活快乐！别忘了，请把我的问候带给你的爸爸妈妈，谢谢他们给我的漂亮的贺卡！

你的大姐

（张海迪　中国残疾人联合会主席团主席、著名作家）

2009年4月22日

序一

杨广学

通读了李颖在美国拉玛大学完成的博士学位论文，格外高兴，格外亲切。李颖是中国大陆第一位获得聋人教育博士学位的聋人，她克服各种常人难以想象的困难，在中国顺利完成大学学业，又赴美国留学、从事大学教育工作。她十分特殊的人生境遇以及在教育领域中独特的探究历程，构成了一个具有浓厚传奇色彩的动人故事。还有一件令我非常兴奋的事：李颖的博士生导师，吉恩・安德鲁斯博士，拉玛大学传播障碍系的聋人教育学教授，也是我近20年前在拉玛大学攻读聋人教育硕士时十分爱戴的老师。师出同门的小师妹有今天这样的成绩，我深感喜悦，为她自豪。

李颖在英语博士论文的基础上，出版这部著作的中文版，要我作序。我愿通过这个机会，真诚地分享李颖出书的喜悦，也想就书中讨论的双语和双文化的主题，谈谈对于有关研究和聋人教育工作的一些想法。

李颖的博士论文《双语策略的效果研究——"预习—阅读—复习"双语教学法在使用美国手语/英语的聋人学生和使用西班牙语/英语的墨西哥裔美籍健听学生理解科学概念上的作用》，这个题目很长，涉及许多繁杂的理论问题，研究的程序和逻辑也比较复杂。读后，以下两点给我留下了深刻的印象：

第一，这项研究的设计精巧而独特，而且具有创新之处和鲜明的特色。

李颖在实验中使用了"预习—阅读—复习"双语教学法，我们不妨称之为双语"三步教学法"。其具体步骤包括：

第一步：预习。教师使用学生的第一语言简要地提示文章的主要内容；

第二步：阅读。学生使用第二语言（英语）阅读文章；

第三步：复习。教师与学生使用第一语言讨论文章的内容并进行问答。

研究设计的基本框架是比较两种实验条件下对文章理解的成绩。第一种条件是学生只阅读英语文章；第二种条件下，使用"三步教学法"，即两种语言交替使用。

两组被试都是双语使用者：一组是第一语言是手语的聋学生；第二组是第一语

言是西班牙语的墨西哥裔学生。理解成绩的测量以短句为单位。两个组都用英语作内容重述，并回答推断性的问题。

拉玛大学的聋人教育专业在美国相当有名气，历史长，积累也很丰厚，具有独特的学术研究条件；而大学所在城市又拥有大量母语是西班牙语的墨西哥裔学生和第一语言是手语的聋人学生，双语人才容易聚集齐全。李颖的博士论文研究巧妙地利用了这些自然条件，以勇于探索的独创精神，精心工作，形成了一个新颖的比较实验的模式。这本身就是一个值得称道的成绩！

第二，研究结果涉及双语言、双文化的基本理论问题，在聋人心理研究和教育领域中具有相当重要的实践应用意义。

本项研究的结果表明：在推断性问题测验中，两组得分都很低，也没有出现实验条件的影响效应，两个实验组之间没有明显的差别；在文章内容重述的测验中，三步教学法显示了正面影响，效果十分明显，相对于英语和西班牙语双语学生，聋人学生双语组测验得分优势更大。这说明用手语提示英语文章的内容，可以显著地提高学生的英文阅读理解水平。进而说明，对于聋童而言，使用手语的预习和复习产生了增进理解的积极效果。

此项研究所揭示的双语“三步教学法”的优势，非常有意思。用一种语言重复学习，不如换一种语言学习效果好。这个现象从常识的角度不难理解，直观地看，似乎也是顺理成章的事情。但是仔细想一想，从学理上来说，这个现象体现了一个什么样的道理呢？或者说，我们可以用什么样的理论来解释这种现象呢？

我所想到的第一个可能言之成理的解释，是第一语言或者母语的优势，用术语来说可以叫作“第一语言资源优势效应假说”。简单地说，就是母语或第一语言具有信息加工的便利性。换言之，听到别人用外语讲一个故事，我们可能会不自觉地把它转换成母语来理解。这样理解和记忆都更加便利、快捷，费力小而收获多。也就是说，母语具有不可替代的地位，因此，将外文翻译成母语，将第二语言翻译成第一语言，就是最直接、最合理的学习方法，也是必要的信息加工途径。我们人的大脑神经系统或许有一个基本编码机制，最初习得的语言与此紧密联系，一旦形成一个稳固的秩序，此后便很难动摇。在本项研究中，聋人的手语便起着这样一种基本编码系统的作用。

我所想到的第二种可能的解释是：双语编码具有额外增加的优势效应。简单地说，有两个信息输入通道和加工系统，应该比只有一个通道和系统更有利于理解和记忆。我的博士论文也涉及双语记忆的研究，研究的主要问题之一是验证所谓“双重编码”(dual code)理论。这个理论的含义之一是具有两种语言文字系统的人会从两种不同的角度来观察世界、分析问题，因此可能会具备叠加的智力资源。这就好比水陆两栖坦克既能下水，又可登陆，所以拥有额外的作战优势。所以，如有可能，给孩子创造学习双语、双文化的机会，可能是父母对儿女一生中最宝贵的馈赠。

究竟是母语优势，还是双语优势？这两种假说孰是孰非，目前还无法得出直接的毫不含糊的科学印证。也许，两种可能性之间并无直接的冲突。我们期待着更多的研究来进一步揭示双语现象的奥妙。这样的研究，不仅关系到聋人教育，也关系到我们人类对于自己的语言、文化和精神生活的本质理解。

在特殊教育界，有许多问题还存在争论。聋人教育中手语和口语的对立和论争，也并没有完全成为历史。我个人主张采取包容、多元、务实、灵活的立场，要依靠科学证据，要面对生活的现实，要注重人文关怀，尊重人权自由，要讲究实际效益。没有定论的事情，允许理性争论；凡有问题的地方，提倡探究试验。百花齐放，百家争鸣，学术发展和教育创新才有可能。在特殊教育这样一个极其复杂而且困难重重的领域，跨学科的思路、方法、技术的融合创新特别重要，必须充分鼓励开放和探究的心态，一定要避免任何的封闭与独断。

在我看来，有一点是确切无疑的：本书作者在研究和写作中充分地展现了自己的资源优势——汉语、英语之外，她还精通中国手语和美国手语！可以说，她是一位可以自由出入“有声世界”和“无声世界”的名副其实的聋人教育专家！

我们欣赏李颖博士的著作带给我们的新颖启示。我们期待她在中国和美国的特殊教育领域孜孜不倦地探索，在聋人世界和有声世界的融合大潮中如鱼得水，做出更大的贡献，成就更多的辉煌。

于华东师范大学
2008 年圣诞

（序言作者为华东师范大学学前教育与特殊教育学院院长、博士、教授、博士生导师）

Preface(Ⅰ)

After reading the doctoral dissertation Ying Li completed at Lamar University, I was impressed and warmly moved. After completing her study at university, Ying Li overcame enormous obstacles to study and work in the educational field in the United States. Now she has become the first deaf person in mainland China to get a Ph. D in Deaf Education. Her exceptional life circumstances and unique experience in the educational field have made her life story a legend. I was very excited to learn that Ying Li's Doctoral supervisor Dr. Jean Andrews, a professor of Deaf Education in the Department of ... at Lamar University, is the teacher I admired very much when I studied for my Master's Degree at Lamar University 20 years ago. I am impressed by Ying Li's success and the recognition she receives today.

Based on her doctoral dissertaion in English, which was on bilingualism and biculture in Deaf Education, Ying Li is publishing a Chinese book that I am delighted to have the opportunity to preface. I would like to share in her happiness of having it published and would like to share my opinions on the research and work in the field of Deaf Education.

Entitled *Research on the Outcomes of Bilingual Education—Preview-View-Review on the Comprehesion of Science Concepts by Deaf ASL/English and Hearing Mexican-American Spanish/English Bilingual Students*, Ying Li's dissertation delves into the complicated theoretical framework, current research, and innovative techniques involved in bilingual/bicultural Deaf Education. I was deeply impressed with how her research featured with immovative and clear ideas through its ingenious and distinctive design.

In the experiments Ying Li used the "Preview-View-Review" bilingual teaching method, which I called as 3-Step Bilingual Teaching Method:

Step 1: Preview. Teachers introduce the main content of articles by using students' first language;

Step 2: View. Students read the articles in their second language—English;

Step 3: Review. Teachers and students discuss the content of the articles in students' first language and make interaction of question-and-answer.

The basic framework of this research was to compare students' scores of article reading comprehension under two experiment conditions: to read articles in English only, and study using the 3-Step Method, or to say to use both languages alternately.

Subjects in both groups were bilingual users: deaf students whose first language is Sign Language, and Chicano students whose first language is Spanish. Both groups were asked to retell the content in English and answer inferential questions.

The major of Deaf Education at Lamar University is famous in the United States for its long and rich history and remarkable research conditions. The city where this university is located is home to a significant population of Chicano students with Spanish as their first language as well as deaf students with Sign Language as their first language, which makes it easy to gather data from these two kinds of bilingual populations. Take advantages of these natural conditions, Ying Li created an innovative new comparision experiment in her dissertation. Her tenacity and ingenuity are commendable in and of themselves.

I was equally impressed with how the basic theoretical issues related to Ying Li's research results; they have quite important practical application in the field of Deaf Psychology. The results of this research showed that both groups scored low in the inferential question test and there was no apparence of effects of experiment conditions, nor was there a significant difference between the two groups. The 3-Step Teaching Method showed its positive influence with obvious effects in the article content retelling test. Comparing to English and Spanish bilingual students, American Sign Language and English bilingual deaf students showed higher scores in tests. These results indicated that by using Sign Language to point out article content, deaf students' English reading comprehension can be improved remarkably. For the deaf students in this study, making preview and review in Sign Language has positive effects on improving their reading comprehension.

The benefit of the 3-Step Bilingual Teaching Method revealed in this research is very interesting. The effect shows it's better to shift to another way to learn than learn repeatedly in one language, which seems logical and is not difficult to understand with our common sense. If we consider this on a deeper level, though, what does this phenomenon tell us theoretically? Or, what kind of theory can we use to explain it?

The first explaination that came to my mind is the advantage of the frist language or "mother language", also called the First Language Resources Superiority Effect Hypothesis. This states that the mother language or the first language has its convenience of information processing. In other words, we will probably translate into our mother language unconsciously while somebody tells a story in a foreign language, which makes it more convenient and faster to understand and memorize. Spend less and gain more. In short, mother language is irreplaceable. Therefore, to translate a foreign language into mother language, is the most direct and reasonable way to learn, and is the essential way to process information. There might be a basic coding system in the human cerebral nerve system that is linked closely and possibly inextricably with the first acquired language. The Sign Language deaf students use in Ying Li's research played this role of basic coding system.

The second possible explaination is that bilingual coding has extra advantage effect. It is easier to understand and memorize through two information input channels and processing systems than through only one channel and system. My doctoral dissertation was also related to bilingual memorization and one of the main topics in it was to test and verify so-called Dual Code Theory. One meaning of this theory is that people who have two writing systems in two different languages can observe the world and analyze problems from two different angles. Therefore, they might have superimposed intellect resouces. This theory is analogous to amphibious tanks which can work both under water and on the land, giving them extra fighting advantages. Therefore, creating opportunities for children to learn bilingually and biculturally might be the most precious gift parents can give to their children in their whole life.

Is the mother language superior, or is bilingualism superior? There is no definitive scientific evidences to judge and decide yet. Maybe there is no direct conflict between these two possibilities. We are expecting more researches to reveal the mystery of bilingual phynomena. That research is not only related to deaf education, but also concerns human understanding of the nature of our own language, culture and spiritual life.

Many topics remain to be argued in the field of Special Education. The controversy between sign language and spoken language in Deaf Education hasn't become historically complete yet. I personally believe that an attitude of tolerance, practicality, flexibility and acceptance is necessary. We need to rely on scientific evidences, to face the realities in life, to pay attention to human concern, to respect the freedom of human rights, and to emphasize the actual benefits. Rational arguments should be allowed for those which haven't been settled yet. Exploration and experimentation should be advocated for the things where questions remain. Science develops and education innovates only when it's possible to let a hundred folwers blossom and a hundred schools of thought contend. In a field which is complicated and full of difficulties as Special Education, the intergration and innovation of multi-discipilinary thoughts, methods and technologies are especially important. An open mind and explorative attitude need to be encouraged and the narrow mind and any kind of arbitrariness need to be abandoned.

That is no doubt that the author of this coming book took her own resource advantage while she was doing this research and writing the dissertaion: besides Chinese and English, she is at home in both Chinese Sign Language and American Sign language! She is worthy of the name of Deaf Educational Expert, one who can come and go at will between the sound and the silent world.

We appreciate the enlightement Dr. Ying Li has shared with us in her book. We expect her to have more contributions and achievements with her continuing exploration in the Special Education field both in China and America, both in deaf society and the hearing world.

Dr. Guangxue Yang, tutor of Ph. D. students
Dean of the College of Preschool Education and Special Education
East China Normal University
At Christmas of 2008
（李伟亚译）

序二

张宁生

近十多年时间，我常在几个基金会资助的双语聋教育中“出没”，凡见到“双语”二字都会有一种敏感性反应。因此，当得知李颖的博士论文是有关双语课题时自然有一种很强烈的期盼。一是想快点读到，二是想快点介绍给国内同行。

李颖是我的学生，她去美国留学后我常会得到她的消息。但她的博士论文选题我却不甚了了，而我在国内参与双语项目的情形，料她也只是有所耳闻，详情不会知晓很细。如此说，我和她都钟情双语纯属巧合。既然汇合了，当然很令我兴奋。一则国内的双语项目开展的时间还短，要让社会广为接纳需要扩大队伍、壮大力量，希望有更多的人加盟；二则双语教育虽然在国内十几所聋校作为研究课题，设立了实验项目，然而在自然状态下的教育实验，还缺乏控制条件下的实验研究相配合。李颖的这项研究无疑填补了这方面的空白，为国内正在开展的双语聋教育实验提供了强有力的实证性支撑。我相信，国内参与项目的同仁看到了她的研究成果，都会从中增强信心，并提升我们自己的研究能力。

李颖，一个自幼丧失听力的中国女孩，一步步走到今天，付出的努力和艰辛是常人难以品尝得到的。在聋教育界滚爬过来的人，都深深感到，聋孩子学好语言太不易了。学好本国语言都已不易，更何况还去学外国语言，再以外国语言为工具去攻下硕士和博士学位。在李颖读硕士学位期间，我去过她所在的加劳德特大学两次，见到她时，她总是笑眯眯的。在她脸上看不到愁云，也看不出太大的压力。她成功了，以我对她的了解，她的成功，可以归于如下几个方面：

1. 她有充分的自信。她很少被困难吓退，她很少在人前“诉苦”，她几乎不用埋怨的口吻谈论问题。她的表情 365 天阳光灿烂。

2. 她有过人的才华。她聪明，被杨军辉称作“大连才女”。她绘画、书法、舞蹈、体育都拿得出几手，她对问题的理解、悟性很高；在人际交往、待人接物方面，眼精手快，博人喜欢。这使她在读学位的阶梯上，常有美国名教授愿意为她推荐。

3. 她很懂事，很能吃苦，自控能力极强。在美国大学里读书，自己支配时间，靠自学很重要，否则很难取得好成绩。她在读硕士期间，一些美国的学生、香港的学生都向她请教。

4.有效的教学方式使她摘取了最高的学位。李颖研究双语教学法，其实她本人也得益于双语教学法，她就是一个平衡的双语人。在加劳德特，以及后来她到拉玛大学，都是在双语环境下成长的。她的成功，见证了双语法对聋人学习的有效性、科学性、适切性。

5.除了她本人的天资和勤奋外，在国内读大学期间她所处的环境对她的成长也是十分有利的。第一，李颖入大学的1995年，辽宁师范大学成立特殊教育专业并招收首届学生，这届学生中包括李颖在内有两名听障生，多少带有一点“试验”的性质，上上下下自然特别上心；第二，在这个专业任教的老师中，有两位曾有过聋校工作的经历，懂手语且对聋人有特殊的感情；第三，也许因为是第一届，班级学生无形中生长出一种“自强”的劲头，同学间互爱互助，对两位听障同学接纳得十分自然，相处得十分融洽。凡此，对一个与健听学生同堂授课的听障生的成长来说都是十分可贵的。当然，还有一点不可忽略，李颖的父母都是教育家，是大连有影响的两所学校的校长，他们给予了孩子优良的家庭影响。

李颖大学毕业考研时，她的外语成绩没能达到当年硕士研究生入学考试的分数线。今天回想起来，原因就在于国内对聋人大学生的教学方法基本上是单语法，尤其是个别在普通大学插班学习的聋人学生，得不到懂手语的老师来上课，甚至有人认为，即使有懂手语的老师，也不该用手语来上课，因为他已经“回归主流”了。“回归”就意味着他能跟上普通班的教学，即使跟不上，也不能“迁就”他，就是要让他“适应”！其实，这种片面的理解，给聋人学生平添了不少障碍。事实已经证明，为聋人构建沟通无障碍的环境是聋人成长的权利，也是双语教学法的精髓所在。李颖的路，确凿地证明了这一点。再回头想想，李颖大学四年，她身边有一位伙伴，用今天的话说可以算作“志愿者”。帮她做手语翻译，使她对课堂讲解的内容基本上能把握。这种做法，当时是自发的，纯是一种友情、奉献所使然。可是，这位伙伴不与李颖同班上英语，所以伙伴的帮助只限于一些专业课。我去李颖的英语课堂看过课，老师面对一班听人学生，一会儿说英语，一会儿用汉语讲解。我堵上耳朵，只看授课教师嘴动，分不清在讲英语还是汉语。要一个全无听力的学生来上这种课，意味着什么？

以上所述，让我感到，李颖的博士论文出版其意义已超出论文本身的学术价值，她本人的成长，无疑为我国聋人高等教育的发展又绘出一条可以尝试的路径。同道们，专家们，让我们来试着走走看。

2008年底 大连

（序言作者原是辽宁师范大学教育学院教授、博士生导师，现为中州大学特聘教授）

Preface(Ⅱ)

Having been involved for over a decade with sign bilingual projects, I have become sensitized to words like "sign bilingualism". So Ying Li 's doctoral dissertation on sign bilingualism immediately caught my eye. I am anxious to introduce it to colleagues in China at the earliest possible date.

Ying Li was a student of mine. Though she has been in touch with me before and after she went to the US for further studies, I knew nothing about the topic of her doctoral thesis, while she probably knows little about what exactly I have been doing. Thus it's an exciting coincidence that sign bilingualism is the common ground for us to meet again. Her thesis is a highly valuable effort for two reasons. First, sign bilingualism has a short history in China. Hence this piece of work is timely. Second, though around a dozen sign bilingual pilot programmes have been set up in Chinese deaf schools, there is a lack of empirical studies under controlled conditions. Thus Ying Li's thesis has filled in a void and offers scientific evidence for sign bilingualism. I believe colleagues in China will be greatly encouraged by her research.

Ying Li has been hearing-impaired since early childhood. What she has been through is beyond the imagination of many hearing people. For those of us involved in deaf education, we all know how hard it is for a deaf child to learn a language. It is hard enough to learn the dominant language in the country, in her case, Chinese, let alone a foreign language such as English. For many doing a master's or a Ph. D. degree in a foreign language is simply inconceivable. Yet Ying Li did it. During the time when she was doing her master's degree at Gallaudet University, I visited the school twice. She was never without a smile whenever I saw. She remains optimistic even when she is under huge stress. She's finally made it. I personally think she owes her success to the good qualities she possesses as an individual, among them are:

Positive outlook. Ying Li never withdraws from difficulties or complains about things. When asked whether she has any difficulty or trouble in her life, she'd always look surprised as if to say "Why would I?" She seems to smile 365 days a year.

Intelligence and versatility. Li is extremely intelligent and versatile and has been given the nickname of "The Talented Girl of Dalian" by Dr. Yang Junhui. She is good at painting, calligraphy, dance and sports. She has great communication skills and is always pleasant to be with. No wonder she has obtained recommendations from famous American professors.

Tenacity in the face of obstacles, an important quality for making it in anything one chooses to do. Through her own hard-work and determination, Ying Li has won respect from her fellow students in the US.

Effective learning, which has made it possible for her to get the highest degree possible. Li's research field is the pedagogy of sign bilingualism. She has benefited greatly from this approach herself, in Gallaudet University and later in Lamar University. She is a living example of the fact that sign bilingualism is both successful and scientific.

In addition to her talents and her diligence, she was lucky to be in a favourable environment during her undergraduate years in China. Miss Li was among the first students admitted into the Special Education Program which was then newly set up at Liaoning Normal University in 1995. As one of the only 2 hearing-impaired students among this cohort, she got a lot of attention. Among her teachers, two of them once worked in deaf schools and are good signers and have much compassion for the deaf community. And for her fellow students, as the first students of a new program, all of them worked really hard and accepted her completely. She got on very well with her peers. This is extremely important for a co-enrolled deaf student. Last but not least, both Li's parents are experts on education and work as principles in two schools in Dalian where she grew up. Hence she has been exposed to positive domestic influence.

Ying Li actually failed in her English exam when she did the postgraduate entrance exams upon graduation from a Chinese university. Looking back we can clearly see why. As a deaf student in a university of hearing students, she had to get fully adapted to the mainstream spoken language in the university. I visited one of her college English classes. When I blocked my ears and just watched the instructor's lips, I had no way of telling whether she was speaking Chinese or English. Ying Li had to learn English in this way. The true essence of sign bilingualism is to create an obstacle-free environment for the communication between the deaf and hearing. Ying Li has been lucky during her undergraduate years since a friend always volunteered to interpret for her and helped her understand what the teachers had taught in class. Unfortunately this friend couldn't go to the same English class with her. No wonder she failed.

From Ying Li 's experience we can see that the importance of the publication of her thesis will go far beyond its academic value. What she's been through and what she has achieved provide a model for possible achievement in higher education for the deaf. I sincerely hope more colleagues will take note of this and work towards the adoption of sign bilingualism in China generally.

Zhang Ningsheng,

Professor emeritus of School of Education, Liaoning Normal Universiety; Currently guest professor of Zhongzhou University, Henan Province.

Dalian, December 2008

（肖晓燕译）

拉玛大学关于李颖的报道

拉玛大学博士生成为中国第一个聋人博士

2005 年 5 月 19 日

拉玛大学博士研究生李颖走出国门，致力于聋教育学习研究，终于成为中国第一个获得博士学位的聋人学生。

1999 年，在中国获得辽宁师范大学特殊教育学士学位后，她从太平洋彼岸飞到华盛顿特区，进入加劳德特大学读聋教育专业硕士，成为中国第一个留美聋人研究生。

颖说："在中国，好多聋学生难得有机会接受高等教育，所以我渴望能得到这个机会。"

从中国来到美国是一种挑战，颖已做好准备去应对。

颖说："去美国前，我懂得一点儿关于美国文化方面的知识。我尊重美国文化，它适合我，但我没有忘记自己的中国文化，我称它们为双文化。"

颖是中国东北的大连市人，2002 年选择了在拉玛大学攻读博士学位，她可以体验美国的另一个地区，因为那里有著名的聋研究项目。

颖说："我想要获得更多的丰富经验，知道拉玛大学有很好的项目。"

颖希望能像她的母亲和外祖母一样投入教育职业。她曾在小学上过语文和数学课，也上过手语课。去德州拉玛大学前，她曾在弗吉尼亚小学学前班工作。

颖说："取得博士学位的动机就是学习更多关于聋童双语教学方法方面的知识。我希望将来能在大学任教。"

5 月 14 日她走上蒙塔涅中心的舞台领取她的毕业文凭。

颖的博士论文焦点是"双语策略的效果——'预习—阅读—复习'"，该双语教学法通过使用学生的第一语言授课、使用一篇用学生的第二语言编写的课文以及与学生之间的讨论来提高学生的英语阅读理解能力，从而建立两种语言的新概念。颖说，这个概念可以用于美国手语和西班牙语。

颖打算将学过的美国聋教育知识带回中国。

颖说:“在中国读本科时,我最要好的朋友在课堂上当过我的手语翻译者。在中国,没有手语翻译服务机构。不过,现在有些城市成立了这样的机构,但仅仅刚刚开始。”

颖在中国获得了许多荣誉,如大连市十大杰出残疾人和辽宁师范大学首届十佳大学生。

颖懂五种流利的语言和文字:美国手语、英语、中国手语、简体汉语和繁体汉语。繁体汉语是传统汉语书写形式,是从外祖父母那学来的,也是她的爱好。这证明她热爱学习。

现在她已如愿成为了博士。她打算回到祖国前先在德州做教师工作。颖的决心、信心以及她的家人和朋友的支持,使她的目标实现了。

颖说:“我非常感激我的教授、职员、家人和朋友对我的支持。”

Lamar University's Report about Ying Li

Lamar grad becomes first Chinese Deaf student to earn doctorate

5/19/2005

Lamar University doctoral graduate Ying Li traveled across country borders and educational boundaries as she became the first Chinese Deaf student to earn a doctoral degree.

In 1999, after graduating from Liaoning Normal University in China with a degree in special education, Ying journeyed across the Pacific Ocean to Washington, D.C., where she became the first Chinese Deaf student to enroll in the Gallaudet University graduate program, earning a master's degree in Deaf education.

"China doesn't have opportunities for Deaf students to go into higher education, so I wanted to take my opportunity here," Ying said.

Coming to the U.S. from China was a challenge Ying was ready to conquer.

"Before I came to America, I knew something about American culture," Ying said. "I respect American culture and it was a good match for me, but I have not lost my Chinese culture. I call it being bicultural."

Ying, a native of Dalian Municipality in northeast China, chose to pursue her doctoral degree at Lamar in 2002 so she could experience another region of America because of its renowned Deaf studies program.

"I wanted a different experience than on the East Coast," Ying said. "I knew (Lamar) had a good program."

Ying wants to have a career in education like her parents and grandparents have. She has taught elementary school reading and math, as well as Chinese sign language in China. She also taught pre-school in Virginia before coming to Texas to attend Lamar.

Her motivation for attaining a doctor's degree was "to learn more about bilingual approaches to teach Deaf children," Ying said. "I want to teach at the college level, perhaps," she adds.

On May 14, she walked to the stage of the Montagne Center to accept her diploma.

The focus of Ying's dissertation was the effects of a bilingual strategy, "Preview-View-Review", which helps increase the comprehension of English reading by using the student's first language, text from the second language and discussion with the student to build new concepts in both languages. This concept can be used in American Sign Language and Spanish, Ying says.

Ying plans to bring what she learns about Deaf education in the U. S. back to China.

As an undergraduate student in China, Ying's best friend acted as her interpreter in classes. Interpreting services in China did not exist then. It has recently been established, Ying said, but is still new.

Ying earned a number of awards in China. Among them are Title of One of the Ten Best Disabled People, Dalian Municipality, China and Title of One of the Ten Best Students of Liaoning Normal University in China.

Ying's love of learning can be exemplified through the five languages and characters which she masters: American Sign Language, English, Chinese Sign Language, Mandarin Chinese and Cantonese, a traditional form of Chinese language that she learned from her grandparents as a hobby.

Now that she accomplished her goal of becoming Dr. Ying Li, she plans to become a teacher in the Texas before eventually journeying back to her native country. Ying's determination and confidence, along with the support of her family and friends, has made her goal possible.

"I am appreciative of my professors, staff, family and friends for supporting me," Ying said.

总目录

目 录

双语策略的效果研究——“预习—阅读—复习”双语教学法在使用美国手语/英语的聋人学生和使用西班牙语/英语的墨西哥裔美籍健听学生理解科学概念上的作用

拉玛大学研究院论文
李颖
2005年5月

摘 要

“预习—阅读—复习”(PVR)是一种双语教学法,用于英语为第二语言的学生的教学中。“预习—阅读—复习”教学法使用学生的第一语言授课,使用一篇用学生的第二语言编写的课文,并与学生开展讨论以试图建立两种语言的新概念。这种方法,在关于双语和英语为第二语言(ESL)的教学法和策略的书籍中都已经描述过,但证明其作用的实证研究却很少。本研究的目的是,测定在两组将英语作为第二语言来学习的学生中,使用“预习—阅读—复习”教学法来作为概念形成教学方法的作用,这两组学生分别为使用美国手语/英语的聋人学生和使用西班牙语/英语的墨西哥裔美籍健听学生。给3或4年级的12名使用美国手语/英语的聋人学生和12名使用西班牙语/英语的墨西哥裔美籍健听学生,展示6篇以3年级水平为标准编写的科技短文。其中一部分短文以双语“预习—阅读—复习”教学法来展示,而其他短文只以英语形式来展示。这些短文确保难度相等。使用5种理解测定和5种因素混合设计方差分析来分析数据。计算人口数据的均值和标准差。结果显示,在聋和健听这两组学生中,“预习—阅读—复习”教学法的分数高于只以英语形式来阅读短文的分数。但是使用“预习—阅读—复习”教学法不能在推理问题作业上增加分数。本文还提出了教学和研究建议。

致 谢

我很感谢我的委员会主席吉恩·安德鲁斯(Jean Andrews)博士。没有她的指导和支持,这篇论文是不会完成的。我也非常感谢劳伦·希姆斯(Laurene Simms)博士在方法上提出的极好的意见。我很感谢我的委员会成员詹姆士·K·安舍(James K. Esser)博士、珊西亚·史密斯(Zanthia Smith)博士、玛丽·安妮·简屈(Mary Anne Gentry)博士的反馈意见。

我很感谢帕姆·肖(Pam Shaw)校长在选取阿拉巴马州聋校聋人学生作为调查对象事宜上的协助。我感谢每一个聋人学生的父母,允许他们的孩子参与这个项目。我也要感谢莫妮卡·莱米雷斯(Monica Ramirez)女士允许我在她的西班牙语课上收集数据。我感谢彼得·史卡波(Peter Skarp)在录制美国手语 DVD 等事情上的协助。我感谢雷内·佩德罗佐(Rene Pedroza)的西班牙语翻译工作和吉姆·亨特(Kim Hunt)准确的手语翻译工作。我很感谢拉玛大学约翰·格雷中心(John Gray Center)的全体职员,允许我使用 I-Movie 软件制作视频片段。

特别感谢我父母给我的亲情支持。他们鼓励我达成目标,并提供了大量可用于双语学生教学的信息。

最后,我还要感谢拉玛大学交流障碍及聋人教育系的全体职员在本论文上贯穿始终的协助。

表　格

图 表

术 语

学术语言:一种用于诸如科技书籍的书面语上的正式语言。例如"光合作用"这样的术语就不常用于普通的社交会话中。

学术语篇:在教室里使用的教科书,用于诸如社会研究、历史学、地理学和科学等领域的教学。

美国手语(ASL):美国和加拿大聋人在交谈中使用的手语。它有自己独特的语音、语义、语法、语用和词法,都与英语口语有着显著的不同。

平衡的双语使用者:一个能够同等熟练地使用两种语言的人。

双语:双语的定义是有歧义的,可以被归类为双语者的个体有着多样化的特征。这个问题的解决办法之一就是承认双语的多样化分类,例如"双语能力"——用于可以流利地但很少同时使用两种语言的个体,和"双语使用"——用于不很流利地但可以较好地同时使用两种语言的个体。另外,双语水平的认定应该包括语言的四个方面:听、说、读、写(Baker, 2001)。

读写能力:有效地读和写两种语言的能力。

"美国手语/英语"双语教育和研究中心(CAEBER):位于新墨西哥州圣达菲的新墨西哥州聋校的一个中心,建立于2000年。该中心致力于指导"美国手语/英语"双语的教育培训和应用研究。

语码转换:该术语用于描述会话过程中不同语言之间的转换,包括词语、句子或言语的停顿。语码转换最常出现于双语者和另一些使用相同语言的双语者之间(Baker & Jones, 1998)。

同词源:不同语言的一些词语有相同的来源。例如,英语和西班牙语的一些词语都是来自拉丁语。

深层共享能力(CUP):康明斯(Cummins)的理论,认为两种语言可以在一个深层中枢思维系统中以一种综合性方式运作。技能不直接与特定的语言连接,例如做减法、使用计算机或阅读时,一旦概念被个体所理解就可以立即从一种语言转换为另一种语言,最后这些技能成为共享能力的一部分。而特殊语言技能(方言、标点符号)则是分别贮存的(Baker & Jones, 1998)。与其对立的理论是深层分离能力(SUP)。

会话英语:一般用于社交和非正式书面语的英语。

跨语言转换:双语儿童在跨语言转换方面的读写能力发展:从少数民族语言到主流语言,以及从主流语言到少数民族语言。娴熟的第一语言读写能力(母语或主流语言)可应用于第二语言读写能力的发展。

即时翻译:一种双语教学法,教师在教学过程中交替使用两种语言。但若未经细心计划,这种方法会导致教学时语码转换的混乱,达不到教学目标。另外,学生通常会学会放弃他们不理解的语言,而等待他们能够理解的语言信息(Lessow-Hurley, 1990)。

双语聋人学生:使用两种日常所用语言的聋人学生。在美国,双语聋人使用美国手语和英语。

双语言项目:也叫双向渗透或双向双语教育,一个致力于同时为使用少数民族语言和主流语言的学生服务的项目。两种语言群体被安置在一起,同时使用两种语言来进行教学。例如,在美国,母语为英语的人在发展其英语读写技能时也要学习西班牙语这样的外语。母语为西班牙语的人在发展其西班牙语读写技能时也要学习英语。该项目的目的是使两个群体成功地获得读写能力,并发展跨文化理解力。

英语为第二语言(ESL):这是一种教学法,使用英语来教导英语不熟练的学生。这种教学建立在一个尽量少或不使用其母语的特殊课程上,通常在一个特殊的学习阶段里实施。在课余时间,学生也被安置于主流教室、一个渗透项目或一个双语项目中。

英语学习者(ELLs):第一语言为非英语并且正在学习英语的学生。不同于其他诸如"英语不熟练"这样的术语,"英语学习者"更关注这些学生已经习得的东西,而不是聚焦于他们当前的不足之处。

唯英语运动:一个涵盖性术语,指各联邦和州积极立法,国家、州和地方组织都在致力于使英语成为美国的官方语言。立法机构和组织都在不同程度地压制非英语语言。官方英语运动的先锋是两个国家机构:"美国英语"和"英语第一"(Lewelling, 1992)。

病因学:一个关于听障的成因的术语。

自由阅读:一个孩子可以在闲暇时间自主选择阅读的活动。

字形字音:一个关于某种语言的拼字和语音之间的声音联系的术语。

继承语:被个体认作是其祖国、家庭和/或祖先的语言,这种语言就是继承语。它包括土著语言(例如纳瓦霍语)和移民语言(例如美国的西班牙语)(Baker, 2000)。

西班牙裔双语学生:在日常生活中使用两种语言的西班牙裔学生。在美国,西班牙裔双语者使用西班牙语和英语。

家庭语言:学生在家中与家庭成员之间使用的语言。参见"第一语言"和"母语"。

干扰:母语模式或规则的使用会导致使用外语时的错误或不得体。语言干扰是第二语言习得过程中的一部分。

L1(**第一语言**)**:**母语(起点语言)或优势语言(人们最常使用的语言)。

L2(**第二语言**)**:**个体掌握了第一语言后接着学习的第二种语言。

语言相互依存原理:吉姆·康明斯(Jim Cummins)提出的一种理论。深层认知/理论水平通常是可以跨语言的,它使认知/理论或读写技能的跨语言转换成为可能。

英语水平有限者(LEP):描述母语为非英语,听、说、读、写技能很有限从而导致不能在普通学校教学中获益的学生。

主流语言:一个国家的优势语言。

元认知意识:一种个体对心理或思考过程的意识和知识。有了这种意识,个体可以控制和监控自己对一些事情或课文的概括或理解。在阅读时,元认知意识指阅读者在遇到理解障碍时弄懂课文意思、使用阅读策略的能力(例如阅读课文、请教专家、使用上下文线索等等)。

元语言意识:一种对书面语和口语的结构和功能的有意意识,以及对语言进行思考的能力。

单语言:只使用一种语言。传统的聋教育仅聚焦于一种语言——只进行英语教学。

母语:个体在生活中所习得的第一种语言,或者通过这种语言而被视为一个同种同文化之民族的成员(Baker, 2000)。

音素意识:对组成口语的语音(音素)的意识。在阅读时,拼音文字或字母串都代表着音素,为了学习使文字和语音一致起来,必须发展学生的音素意识。

主要语言:双语或多语言使用者说的最流利或更喜欢使用的语言。这种语言是否是在生活中第一个所习得的语言则不是很必要(Baker, 2000)。

目的性共同使用:一种由雅各布森(Jacobson)所开发的技术,提倡在课堂上综合使用两种不同的语言。使用两种语言的时间也是相同的。像这样有目的、有计划地使用两种语言是有优势的(提高理解能力),但也有缺点(学生会放弃使用其弱势语言)。

补习项目:该项目提供增强英语读、写和说的指导,以增加学生的学业成绩。

支架:教师或成人构建一个学习任务并利用对话提供指示和线索,以引导学习者参与到学习任务中去。

语义线索:基于意图帮助阅读者解码并理解一篇课文的暗示。

半语言:在两种语言中显示出下列特征的双语个体:词汇量小、错误的语法、必须有意识地思考以产生语言、在语言使用上显得生硬并缺乏创造性、很难用两种语言思考并表达情感(Skutnabb-Kangas, 1981)。

社交英语:用于会话或非正式用途的口头英语。社交英语通常很语境化、很常见并且有可预测性。

句法:联合词语以形成句子的方法以及决定句子结构的规则的研究。

目标语言:儿童将其作为第二语言来学习的语言。对在美国的英语语言学习者来说,目标语言就是英语。对双语项目里的母语为英语的学习者来说,目标语言可以是汉语或西班牙语。

阈值假设(阈值理论):指一个关于思维和双语的研究,它提出两个"阈值",分别指定一个第一或第二语言能力水平,必须跨越一个能力水平才能达到下一个能力水平。这三个水平为:双语使用能力有限、双语使用能力不太平衡(某种语言的适龄能力)和平衡的双语使用者(两种语言的适龄能力)。该阈值理论由语言学家吉姆·康明斯(Jim Cummins)所创立,可以解释为什么学校只通过第二语言对少数民族语言儿童进行教学往往会失败、为什么在发展性双语项目中接受教育的儿童会比单语言学生有相对更好的认知优势(Baker & Jones, 1998)。

语言转换:指一种语言教学技术,用一种语言输入课程并用另一种语言输出课程。例如,教师使用美国手语教授科学概念,然后学生用英语记下课堂笔记,或者学生阅读一段英语,然后用美国手语参加讨论。

第一章 概述

英语学习者(ELLs)的阅读挑战

在小学阶段，对于一些英语为其第二语言的英语学习者(ELLs)来说，学习阅读英语是一个挑战。阅读作业因为种种因素而变得很复杂。这些因素还包括双语学生多样化的语言和文化背景。阅读也依赖英语为其第二语言(L2)的阅读者用母语思考、谈话、阅读和写作的能力，以及迁移这种知识以理解其第二语言——英语的能力。英语第二语言阅读者也必须知道怎样以及何时使用这些迁移策略。除了这种复杂性，一些英语为其第二语言的阅读者所就读学校得到的支持也很少，只有有限的包括没有设备或设备很少的科技实验室资源，图书馆缺少科技书籍和多媒体，也缺少计算机硬件、软件、打印机、网络以及其他贵重的读写工具。此外，学校的教师也没有经验，缺少使用学生家庭语言的能力，也缺少双语和英语作为第二语言的教学方法训练。

科学文章的阅读

对于一些聋人和健听双语学生来说，他们阅读科学文章时会遇到特殊的困难，因为科学领域有自己的高度专业化的概念词汇(Lang & Steeley, 2003; Hampton & Rodriguez, 2001)。双语学生缺少关于抽象科学概念的经验和背景知识。健听双语学生会有一些基本英语交流技能，但阅读科学文章时他们的阅读能力就不是很充分，以至于使他们不能领会相关概念(Carrasquillo & Rodriguez, 2002)。聋人双语学生会有一些相似的问题，他们没有背景经验，不能用他们的优势语言手语和英语来了解复杂的科技概念和词汇。(Lang & Steeley, 2003)。

虽然有这些挑战，但当英语学习者开始学习阅读时，他们就将一个多样化的语言和知识资源带到了课堂中。他们本身就有一些背景知识以及一些关于第一语言和第二语言的词汇、语法和语篇结构的知识。他们可能有一些一种语言或两种语言的阅读理解策略。本研究使用学生的母语或主要语言来考察两种英语学习者的科学文章阅读能力，这两种学习者是使用美国手语/英语的聋人学生和使用西班牙语/英语的墨西哥裔美籍健听学生。

在族群研究上有关术语的应用问题

人们有一个关于双语学生的适宜标签的误解，这里也做一个简要的阐述。例如，一个听力障碍儿童是否应该被标签为“聋人”、“重听人”或“听觉障碍者”？说西班牙语的学生是否应该被标签为西班牙裔人、拉美裔人、奇卡诺人、墨西哥裔美国人或南美洲人？这些学生有语言缺陷(英语水平有限者，LEP)吗？或者我们应该将他们标签为“英语学习者”(ELLs)？标签可以反映出对我们的学生的消极态度，这会对我们的教育努力产生潜在的反作用。

例如，我们的第一个族群——聋人学生，在外行的术语中，公众使用“聋”一词在狭义上是为了描述根本不能听的人。因为人们对这个词的误解，一些医学和听力学专业人员不太愿意使用“聋”(deaf)一词。但在文化上聋人对这个术语有很强的自豪感。他们更喜欢使用“Deaf”(聋)这个术语，即使他们中的一些人在听力学上看来是有残余听力的或重听的。从文化角度看，有关聋人的术语诸如“听力障碍”和“重听”这样的词是难以接受的。这些聋人认为自己是聋文化的一部分，其中“聋”一词的词首字母为大写(Deaf)；反之那些跟聋文化无关的则被视为只是聋的(deaf)，词首字母为小写。这种差别反映了对待和感受听力损失的截然不同的方式(Andrews, Leigh & Weiner, 2004)。

涉及语言学习时，研究者曾经使用过不同的术语来称呼聋人社会中使用自然手语的聋人学生以及使用混合手语的聋人学生。聋人学生可以被标明为手语聋人学生、双语聋人或手语双语学生(Knight & Swanwick, 2002)。甘拿柏尔(Kannapell, 1989)根据聋人成人的美国手语和英语能力将其分为6种：仅使用美国手语的人、美国手语优势的双语者、平衡的双语使用者、英语优势的双语者、仅使用英语的人和半语言者。其他研究者曾经对在课堂上使用美国手语和英语的学生使用过“‘美国手语/英语’聋人双语者”的术语(Nover, Andrews, Everhart & Bradford, 2002)。

在本研究中，说西班牙语的健听学生均来自墨西哥裔美国人家庭。7个学生生于美国而其父母则生于墨西哥，3个学生生于墨西哥。无论如何，在应该如何称谓“西班牙语/英语”双语者的问题上，在学术文献中有很多争论。很多争论聚焦于是用“西班牙裔人”还是“拉美裔人”的术语来称谓一个说西班牙语的人。“西班牙”(Hispanic)一词来自“Espana”一词,它是开始新大陆征途的国家的名字。拉美以西班牙语及其文化为主。“拉美”一词可追溯至古罗马和组成拉丁美洲的诸如古巴、波多黎各、多米尼加共和国、墨西哥等国家(Novas, 1994; Granados, 2000)。在本研究中,研究员交替使用“西班牙”和“拉美”这样的术语。在本研究的特定样本中,会使用“墨西哥裔美国人”这样的术语。

使用美国手语/英语双语的聋人学生

正如上文所述,若学生有着严重的听力损失并且使用美国手语(ASL)作为其主要语言,其阅读理解就会更加复杂。虽然如此,也有些聋人成人双语阅读者能够很好地阅读英语(Andrews & Karlin, 2002)。但听力损失对英语读写能力有着消极影响仍然是一个事实。因此,语言学习会是一个漫长而艰辛的任务。一些中学毕业的聋人学生,其阅读水平尚不如四年级学生(Traxler, 2000; Gallaudet Research Institute, 2003)。针对健听学习者的语言和读写能力教学的传统方法在大多数聋人学生身上已经失败(Livingston, 1997; Paul, 2003)。

今天,教育者开始提倡在健听及聋人双语学习者的阅读教学上使用双语教学法,这些双语学习者都是将英语作为第二语言来学习的(Baker, 2001;Freeman & Freeman, 1998; Cummins, 2000, Nover et al., 2000)。这个很有前途的方法学使用了迁移机制。迁移通过允许他们使用自己的第一语言来理解第二语言,即英语,开启了双语儿童读写能力的大门。当双语学生认识到自己可以理解两种语言的信息时,这两种语言就实现了连接。但不是所有的双语学生——健听学生或是聋人学生——在第一语言上都有接近母语的能力。此外,不是所有的双语学生在其第一语言(或主要语言)和/或第二语言上都有阅读理解的策略。在使用两种结构极其不同的语言时,也有其他问题与迁移一起出现,例如美国手语(ASL)和英语(Mayer & Wells, 1996)。

有超过200万的美国和加拿大聋人在使用美国手语(Stokoe, 1960; Emmorey & Lane, 2000)。在很大程度上,聋童是从其伙伴或其他聋人成人身上习得美国手语的,而不是从其健听的家庭成员身上。聋童在其生活的哪个阶段习得美国手语,取决于他们的教育安置以及他们对美国手语的接触(通过聋人伙伴或成人)。一些聋人学生在童年早期就学会了美国手语,也有一些是在童年晚期,还有一些是在他们成人以后(Johnson & Newport, 1989; Mayberry, 1993)。一些聋人把美国手语当成是自己更擅长的、主要的、占优势的和首选的语言，因为他们可以轻易接触到手语，即使他们在人生的较晚的时候才学会。

父母为聋人的聋童（占聋人人口的10%），美国手语会成为他们的第一语言（L1），而英语为其第二语言，这种情况很容易理解。但对于父母为健听人的聋人学生（90%）来说，情况则不是很清楚。对大部分聋人学生来说，他们的每一种或两种语言——美国手语和英语——的习得过程是严重滞后和有限的，这取决于他们的早期语言干预、早期求学经历和家庭支持（see reviews in Andrews, Leigh & Weiner, 2004）。

按照惯例，儿童第一个习得的语言叫做第一语言，第二个习得的语言叫做第二语言。第一语言通常也叫母语、家庭语言或继承语。斯库特纳布—坎卡斯（Skutnabb-Kangas, 1981）在母语上使用四个定义标准。第一个标准是起源。第一语言一般为儿童第一个所习得的语言。第二个标准是能力。第一语言是个体掌握得最好的语言。第三个标准是作用。第一语言是儿童最常使用的语言。第四个标准涉及态度。第一语言是儿童身份识别的语言。很容易就知道父母为聋人的聋童（占聋人人数的10%）非常符合将美国手语作为其起源语言、能力、作用和身份识别的语言这四个标准。

但是对于父母为健听人的聋人学生来说，起源语言往往是英语，即使是由于听力损失他们并不能完全地接触英语。他们可能会通过口语、唇读和手势英语学到一点儿英语，但是他们不能完全地掌握英语语法系统，而且他们的词汇量也很贫乏，因而他们的英语学习会极其有限和滞后；而因为美国手语的视觉渠道，他们可以完全地习得美国手语，并且他们可以在后来将英语作为第二语言来学习（Mounty, 1986）。美国手语成为他们首选的、第一的、优势的和最常使用的语言。他们开始用聋人社会和美国手语的使用来识别自己的身份。因而，他们的母语就不再是英语了，也就是他们接触的第一个也是其家庭中使用的语言，开始变为美国手语——第一个他们可以完全地接触的语言。

但是母语和双语（使用两种语言）的概念对于聋人和健听人来说不一定那么清晰。聋人个体习得、接触美国手语和英语的年龄都很不同，他们在两种语言上的能力和水平也不同。对于他们来说，语言习得始终都是一个正在进行的事情，要付出终生的努力。他们的语言习得是渐进的和变化着的过程，并取决于他们交流的需要和交流的伙伴。

健听的双语者，在其母语的接触和水平上也很不同。一些人来到美国时就已经很好地掌握了一门第一语言，也有一些人的第一语言掌握得不是很好。不管聋人和健听双语者是否必须学习英语读写，它都造成了一些挑战，特别是在阅读理解学术文章（例如科学文章）上。

使用西班牙语/英语双语的墨西哥裔美籍健听学生

在美国,约有 4 700 万儿童来自非英语家庭。大部分这种英语学习者(ELLs)是说西班牙语的。约有 3 500 万学生在家庭中使用西班牙语。但是一些说西班牙语的儿童在西班牙语的说、读、写的技能上并不扎实、娴熟。他们很难在其第二语言即英语的学习上迁移技能。一些西班牙语家庭并不会让他们的孩子在家里接触高学术水平的西班牙语。此外,双语教师可能在西班牙语对话上很流利,但在学术性西班牙语的技能上却不很扎实。因此,双语儿童无论是在家里还是在学校里都不能接触到高学术水平的西班牙语。

教师应该怎样帮助双语学生来理解科学概念呢?一个方法就涉及用两种语言呈现科学文章:(1)学生的母语、优势语言或首选语言;(2)学生掌握得不是很好的第二语言。第一语言用来帮助学生学习第二语言。一些双语教师已经在这样做了。他们在课堂上非正式地使用两种语言。换句话说,他们在教学中经常交替使用学生的第一语言和第二语言(英语)。例如,他们使用儿童的母语、优势语言或首选语言来讨论一个概念,然后使用英语来讨论该概念,以使儿童在课堂上同时习得两种语言。很少有调查这种实践的实证研究。

本研究的目的是研究聋人和健听双语学生使用两种语言理解科学文章的方式。特别是研究者实证检验了"预习—阅读—复习"(PVR)双语教学法,这种教学法在使用美国手语/英语的聋人学生和使用西班牙语/英语的墨西哥裔美籍健听学生中采用。学生使用第一语言进行预习,用第二语言(英语)来阅读科学文章,并用学生的第一语言继续讨论。利用复述作业来测量学生对科学文章的理解。"预习—阅读—复习"(PVR)教学法在本质上是一种迁移技术,教师使用学生更熟悉的优势语言提供一个概要或课程(预习)。然后学生阅读同样内容的英语文章(阅读)。第三步,教师吸引学生一起用第一语言和第二语言对概念进行讨论 。教师也会给出一个要点的摘要,并要求学生理解问题(Freeman & Freeman, 1998)。"预习—阅读—复习"(PVR)教学法不同于其他双语教学法,例如现时的一种用两种语言系统地建构、呈现大量信息的方法。在课堂上即时翻译或使用两种语言可以是偶然的或随机的。本文研究的是"预习—阅读—复习"(PVR)双语教学法在小学聋人学生和健听学生理解科学文章上的作用。

第二章 文献综述

绪论

无论学生是单语的还是双语的，阅读诸如科学书籍的学术语篇都是很困难的。英语为其第一语言(L1)的阅读者和英语为其第二语言(L2)的阅读者都难以获得充分的背景知识来理解抽象的科学概念，在理解这些文章里的专门科学词汇上也有困难(Fradd, Sutman, Lee & Saxton, 2001)。在本研究中，研究者调查了英语为其第二语言(L2)的阅读者是怎样使用一种叫做"预习—阅读—复习"(PVR)的迁移双语教学法来理解科学文章的。作为本研究的基础，将下列主题予以综述：

1)英语为其第二语言的聋人和健听阅读者的人口统计资料的变化

2)聋人和健听双语者的比较

3)聋教育和双语教育方法的论战

4)对英语为其第一语言的单语言阅读者阅读理解的研究

5)对英语为其第二语言的聋人和健听双语阅读者阅读理解的研究

6)阅读理解和科学

7)利用双语教育和"预习—阅读—复习"(PVR)教学法来理解科学文章的预期

8)普通学校教育、双语教育和聋教育使用"预习—阅读—复习"(PVR)教学法的历史

最后，研究者提出 3 个研究问题实证试验了"预习—阅读—复习"(PVR)教学法，该试验在这两组英语为其第二语言的阅读者中开展：使用美国手语/英语的聋人学生和使用西班牙语/英语的墨西哥裔美籍健听学生。

人口统计资料的变化

使用美国手语/英语的聋人双语者

美国和加拿大约有 200 万使用美国手语(ASL)作为其第一语言的聋人。美国手语是美国第三种最常使用且发展最快的语言(Lane，Hoffmeister &Bahan，1996)。然而,很少有数据可以说明美国手语在聋生课堂上的使用模式。在 1982—1983 年的一个调查中,报告有三分之二的学生使用手语或者上学时使用过手语。本研究中约有 35%的聋人学生来自使用手语沟通的家庭。但是,使用手语并不总意味着是使用美国手语。一些学生和教师会使用诸如接触手势或手势代码英语这样的综合手语(Jordan & Karchmer，1986)。

使用西班牙语/英语的墨西哥裔美籍健听双语者

目前,西班牙裔或拉美裔儿童通常是最大的美国学校少数族裔学生群体,占全体学龄儿童人口的 13.5%(NAEP，2000)。预计到 2050 年拉美裔人口将占到美国人口的四分之一左右(Day，1996 in Godina，2004)。在 3 200 万生活在美国的拉美裔人中,就有 2 160 万具有墨西哥裔背景的个体,为受到学习成绩不佳困扰的拉美裔学生。例如,西班牙裔学生的辍学率大约是 28%(National Center for Education Statistics，2001)。另外,一些拉美裔青少年可能来到学校就读时，他们的西班牙语和英语的口语和读写技能都很弱。大部分学校都不继续发展学生的西班牙语的口语和读写技能。对于这些第一语言(L1)基础薄弱的学生来说,习得英语是非常困难的(Garcia，1999)。

聋人和健听双语者的比较

如第一章所述,聋童不同于其他双语者,他们不能从其父母那里习得手语,除非他们的父母是聋人。而且,聋人习得手语的时间也是不同的。他们习得手语的时间可能是儿童早期、儿童晚期、成人早期或成人晚期。约有 90%的聋人个体生于英语为第一语言的健听家庭。无论如何,由于听力损失,他们不能完全地接触到英语口语。大部分聋人个体是在学校或工作场所里习得了美国手语。因为美国手语是他们第一个可视的、可以完全获取视觉信息的语言,美国手语便成为了他们的第一语言(Johnson & Newport，1989；Mayberry，1993)。这些学生将英语作为第二语言来学习，并且具有一些共同的语言学习特征，这些特征不同于其他将英语作为第二语言来学习的健听双语者(Grosjean，1998)。聋童每天都在成长为使用美国手语和英语的聋人双语者。他们在各个语言的熟练程度上都各不相同。但是由于他们的听力障碍特征，他们需要两种语言的建构，以便与其他聋人和健听人相互交流(Grosjean，1998)。

像聋人双语者一样，第一语言为西班牙语的健听双语者在语言和文化上也是各不相同的。他们在美国生活的时间长短各不相同，他们在墨西哥或其他西班牙语国家曾经就读的学校情况也各不相同。他们的父母在家中使用西班牙语和英语的情况也各不相同。这些各不相同的背景，显著地影响着他们将英语作为第二语言来学习的过程。

在学校里，双语学生的母语西班牙语常常被削弱。同样，聋人双语者的美国手语也常常被教师和领导削弱，因为他们缺少对这种复杂的、视觉手势语言的理解(Andrews et al.，2004)。双语学生常常遇到对其第一语言的消极态度，这会对他们将英语作为第二语言来学习的过程产生负面影响。

使用美国手语/英语的聋人双语者和使用西班牙语/英语的墨西哥裔美籍健听双语者在这一点上是相似的，那就是常常要为学习第二语言即英语而努力很多年。一些人不会成为平衡的双语使用者。但也有一些人的第一语言(西班牙语或美国手语)和第二语言(英语)都发展到很熟练的地步。他们长大后在日常生活中使用两种语言。在西班牙裔社区里，一些西班牙裔青少年由于在学校里学不到西班牙语从而无法继承传统的西班牙语，这种情况值得关注。西班牙裔青少年也普遍受到美国以英语为母语的文化的影响。事实上，有些拥有西班牙裔姓氏的学生完全不懂西班牙语，因为他们的父母在家里不使用西班牙语。此外，学校在小学之后也不再提供西班牙语教学(Krashen，1996)。

西班牙裔健听双语者和聋人双语者在学校里常常会遇到英语读写学习成绩不佳的情况。他们常常被安置在补习项目中来学习英语，而不是在课堂上学习现实的读写技能(Grosjean，1998)。学校图书馆也缺少针对聋人和健听双语者的资料、书籍和多媒体。例如，图书馆没有西班牙语书籍供健听双语者阅读。同样，聋人学校也没有足够的美国手语录像带、CD和DVD教学材料。高年级聋人学生也只有很少的美国手语资料，而且大部分是用于初级水平的学生的(Bahan & Nover，2005)。

聋人和健听双语者可能会混淆其母语为美国手语或西班牙语和英语的语法。例如，聋人双语者会在其说和写上混淆美国手语语法和英语语法(Charrow，1981)。西班牙语双语者也会在其说和写上混淆西班牙语语法和英语语法。但这种跨语言的迁移或干扰是许多人习得第二语言必经过程的一部分(August & Hakuta，1997)。

聋教育和双语教育方法的论战

口手之争

聋人和健听双语学生被拖入由政府决策者、学校管理者和教师所引发的方法之战。在聋教育领域里，口手之争创建了一些派系，他们不允许聋童使用手语，强调口语交流方式。历史上的这场激烈争论持续到 20 世纪 70 年代（Winefield，1987；Nover，2000）。然而，到了今天已经出现各种各样的项目，在聋童身上使用不同的方法。例如，单语言的听说项目就只使用口语和听觉。也有混合语言学校，使用综合沟通法。综合沟通法是一种哲学，它使用口语和手语来进行沟通。它也叫做“口手同步沟通法”（Sim-Com）。最初的研究者在综合沟通法的定义上各不相同。一些教师认为，综合沟通法可以包括使用美国手语、手势代码英语、指语、手势、听、说、画和写。也有一些人相对比较有限地使用这个术语，即指同时使用手语和口语。也有双语项目在将英语作为第二语言来教学时使用美国手语来作为教学语言（Nover et al.，2002）。

面临困境

双语研究者吉姆·康明斯（Jim Cummins）的一本书的题目为《语言、权力和教学：双语儿童面临着一个困境》。康明斯阐述了在领导和专家们争论着应该怎样教育双语学生、项目应该怎样组织时，双语学生常常面临着困境（Cummins，2000）。

美国双语教育有一个引人关注的历史。当美国首次建立公立学校时，就建了一些双语学校，特别是那些为说德语的移民儿童而开办的学校。在第一次世界大战后，反对德国的情绪日益高涨时，所有这些情况就都改变了。但因为墨西哥裔美国人涌入加州及其他州和民权运动的影响，双语教育在 20 世纪 60 年代开始受欢迎（Lessow-Herley，1990）。1968 年颁布的《双语教育法》规定了对双语教育的联邦经费投入。法院对“刘诉尼考尔斯”一案（1974 年）的裁决，要求学校采取措施克服华裔美国人和其他非英语母语儿童学习课程时遇到的语言障碍。随之《教育机会均等法案》也于 1974 年颁布。但随着美国移民的显著增加，20 世纪 80 年代反对双语情绪开始增长，情况又发生了变化。一个追求“英语官方化和唯英语”的政治派系成立了。唯英语运动的支持者担心在来美移民的同化过程中出现崩溃现象。他们将这种语言限制描绘为一场爱国运动，其目的在于全力保护在美国使用英语这一共同盟约（Schmid，1992）。

唯英语运动是一个概括术语，指联邦、州的法规和组织，都在致力于使英语成为美国官方语言。它包括两个国家组织："美国英语"和"英语第一"(Baker & Jones，1998)。于1998年在加州通过的227号提案，在事实上废止了该州大多数移民儿童尤其是来自西班牙语家庭的儿童的双语教育。更多的州也有可能追随加州而禁止移民儿童在学校里使用母语(Krashen，2002)。

作为唯英语运动的另一个选择，还有一个"英语之外"运动。该组织提倡对少数民族语言持包容和开放态度的价值观。其支持者提倡保留被带到美国的语言和文化。它也强调会第二门语言的积极方面，并赞美少数民族语言在一些包括国际商务、外交和军事领域上的贡献(Combs，1992)。

关于促使英语成为官方语言的争论也影响到了聋人社会(Lucas，1992)。美国聋教育起源于法国聋人劳伦·克雷(Laurent Clerc)和托马斯·霍普金斯·加劳德特(Thomas Hopkins Gallaudet)于1817年所创立的第一所聋校美国康涅狄格州哈特福德聋校。克雷和加劳德特是美国第一个聋听双语教学小组。他们联合使用法国自然手语、独创的用于展示法语书面语的手语以及在学校里创建的本土美国手语。一连串的事件，例如1880年的米兰会议和一些聋校管理政策出台，确立了口语或语训要优于使用手语的理念。因而，英语口语的教学开始成为主流观点，并指导着语言政策。直到20世纪70年代，通过"综合沟通法"，手语才被再次引入学校。在这种方法中，口语和手语被联合利用(Nover，2000)。

卢卡斯(Lucas，1992)这样写道：

唯英语运动，即主张使用英语并排斥美国手语，在很大程度上促进了聋教育的失败。人们认为这是很危险的理念，其最好的解决办法：尽早习得美国手语，通过美国手语来接受教育，并与英语(作为第二语言来学习)教学联合起来(P. 383)。

卢卡斯(Lucas，1992)也指出美国手语是多数聋人的首选语言，唯英语的立法在手语翻译的领域里增加了一些额外的问题。根据唯英语立法，聋人会很难通过其所选择的语言在医疗、法律、教育和私人事务中获取信息。"英语修正案"(The English Language Amendment)会在很大程度上限制聋人对美国手语的使用。

尽管政策如此，聋人和健听双语学生仍然在学习阅读英语(第二语言)上面临着重大的障碍。这两类学生的语言学习渠道是不同的，健听双语者可以接触口语并通常已经在其父母身上习得其第一语言(西班牙语)。聋人和健听双语者又是相似的，他们都面临着全国性以及全校性的政策压力，因为方法之战涉及其第一语言的使用及质疑英语应该怎么教。因为阅读理解过程的复杂状况，这两类群体都会遇到障碍，特别是将英语作为第二语言来进行阅读时。

双语项目的效果研究

第一语言为英语的单语言阅读者的阅读理解

阅读理解是单语言英语阅读者教学的一个主要内容，特别是在诸如科学学科的领域里。大部分专家认为，在使用第一语言（即英语）开始阅读时有些有效的基本原理，例如字母（音素意识和看字读音法）、流利、词汇和理解（National Reading Panel，2000）。

阅读的定义是，书面语意义的建构（Goodman，1967）。阅读者需使用诸如字形字音、句法和语义线索这样的语言线索系统。阅读者在结合书面语时也使用诸如文本抽样、假设、证实和整合其理解这样的心理策略（Goodman，1967；Freeman & Freeman，2005）。阅读包括认知、语言和社会文化技能的同时协调。

阅读模式表现了概念驱动和自上而下的阅读技能特征。阅读者也使用其背景知识和文本类型知识来理解意义。换句话说，阅读者必须使用其背景知识包括从其他文章中获得的知识来推断或填充文章中没有明确陈述的信息（Freeman & Freeman，2005）。为了增加阅读技能，学生需要接触书籍并花大量时间来阅读，也要有以不同的方式来回答阅读问题的机会，这些方式有比较主题、体裁、题材、说明文和叙述文（包括戏剧、录像和电影剧本）的类型。

但是阅读者也必须使用诸如词汇识别这样的特殊阅读技能。自下而上或从局部到整体的技能，也是阅读理解过程的一部分。今天的研究者普遍认为，阅读者在书面语的理解或获取意义上既使用自上而下（从整体语言到部分语言）也使用自下而上（从部分语言到整体语言）策略。

第二语言为英语的聋人阅读者的阅读理解

一些聋人双语成人在学习阅读、享受高等教育并走入职场的过程中，每天都要使用手语和英语读写（Andrews & Karlin，2002）。但是如果我们看一下全部聋人学龄人口的标准化考试分数的平均水平，与来自日益增加的多民族和非英语家庭的健听学生相比，就会发现17、18岁聋人学生的中等水平与四年级（8、9岁）健听学生水平相当（Traxler，2000）。甚至，约30%的聋人学生在离校时仍然属于文盲，其阅读水平相当于平均2.8年级的水平。只有10%的18岁聋人学生达到10年级或更好的阅读水平。在学校里，普通聋童的阅读水平每年提高约0.3年级水平，作为对照，大部分公立学校单语言健听学生则是每年提高1.0年级水平（Paul，2003）。

聋人学生在习得英语读写技能时的困难有多种原因，其根本原因在于缺少对口语和手语的接触。聋人阅读者学习语言和学习如何阅读是同时进行的(Paul, 2003)。另外,聋人学生来自多种多样的语言和文化背景。他们已有的早期家庭读写经验的情况各不相同,这些经验包括阅读、书写练习和讨论书面语。他们接触不到其能够理解的书籍,在学校里也没有熟练的阅读教师来教他们如何阅读。

另外,阅读能力和阅读不良还与听力损失的病因学有关。一些病因会导致神经障碍、行为问题、记忆处理缺陷、失语症、注意力缺陷多动症(ADHD)、视觉障碍、语言和学习障碍——所有这些都会影响到儿童学习读和写的能力(Vernon & Andrews, 1990)。虽然如此,生物学只是整体的一部分。环境也起着至关重要的作用,家庭成员在家里对聋童阅读做了些什么,学校课堂上教师如何讲授阅读课程,这些都影响学生的阅读能力。

研究者已经证明聋人阅读者在音素意识领域上有困难(Harris & Beech, 1998)。他们有词汇障碍,例如识别有多种含义的字词、成语和修辞语言(Paul, 2003; Payne & Quigley, 1987)。他们在文本的语法或句法上也有困难(Kelly, 1996; Quigley & Kretchmer, 1986)。他们在进行阅读时只有很有限的背景知识、先验知识、语言文化意识和元认知意识(Strassman, 1997; Paul, 2003)。聋人阅读者在理解课文的技能水平(识别词汇)和文本水平(理解完整文本)上都有困难(Kelly, 1996; Paul, 2003)。

英语为第二语言的聋人阅读者(美国手语/英语)

已经有了一些发展聋人双语阅读者的阅读理解策略的研究(参看 Schirmer, 2000 年的一些方法回顾)。一些研究者建议教师在聋人双语者阅读一个故事之前使用美国手语来进行课前阅读活动。席尔默(Schirmer,2000)的研究表明,建立背景知识是学生有效阅读理解的第一步。

普林斯和曼克思(Prince & Mancus,1987)发现整合阅读课程可以改善 45 个 1 年级至 5 年级儿童的故事理解。格拉夫、库克和拉伯格(Graves, Cooke & Laberge, 1983)发现预习阅读课程可以改善 7 年级和 8 年级学生对文章的理解和回忆。预习对准备阅读说明文的聋童来说是一个有价值的策略。其他关于聋童的研究还表明,在准备活动中使用美国手语来建立背景知识,可以改善阅读理解(Andrews, Winograd & DeVille, 1996)。

英语为第二语言的健听阅读者(西班牙语/英语)

西班牙裔或拉美裔学生，特别是那些来自说西班牙语家庭的学生，学习成绩往往滞后，特别是语言艺术学科和阅读(Hardin, 2001)。国家教育发展评估组织(NAEP)指出，只有小部分2年级、4年级和12年级西班牙裔学生的阅读水平为优等，只有1%的8年级学生为优等(NAEP, 2000)。但也有研究表明，母语阅读很好的学生，其第二语言的阅读也很好(Cummins, 2000; Jimenez, Garcia, & Pearson, 1996)。

学习阅读第二语言有不同的含义。例如，一个双语学生学习阅读英语(第二语言)与一个大学生因外语学习的要求去学习阅读第二语言是不同的(Pang & Kamil, 2004)。教学策略也不同。对于英语(第二语言)阅读者教学的最好方式，则有很多不同的意见。一些研究倾向将英语为第二语言(ESL)的方法应用于第二语言阅读。另一些研究则着眼于来自第二语言阅读习得的普遍原理的跨语言方法。美国的大部分关于第二语言阅读习得的研究，都是关于西班牙语/英语双语学生的。

基于单语言(一种语言)阅读模式的阅读教学模式，研究者不提倡将其应用于双语(两种语言)学生身上。此外，研究者尚不能确定第二语言口语水平对双语儿童第二语言读写能力发展的效果。换句话说，儿童也许不需要英语口语技能就能够学习英语阅读。一些研究者主张若双语学生的第二语言口语水平较差，其理解教学也不应拖延。相反，阅读教学应基于认知方法和策略过程，在两种语言的认知阅读过程中解决问题(Pang & Kamil, 2004)。

莫尼兹—斯维斯古德(Muniz-Swicegood,1994)报告说，随机接受通过元认知阅读策略教学的3年级双语学生的西班牙语和英语阅读成绩可以得到全面改善。在西班牙语阅读教学时，双语学生学会了如何提出问题。虽然教学采用西班牙语，但其西班牙语和英语阅读考试成绩都表现出了显著的改善。

吉蒙尼斯、加西亚和皮尔森(Jimenez, Garcia & Pearson,1996)认为拉美裔阅读者面临着两个重要问题，就是词汇有限和缺少学习第二语言所需要的时间。虽然语法也是一个问题，词汇才是双语阅读者最常遇到的障碍。当西班牙语/英语双语学生在考试时遇到词汇问题，他们常常表现不佳，因为他们的语言水平很有限。

吉蒙尼斯还提出了另一个涉及第二语言阅读的问题，即学习第二语言所需要的时间。熟练掌握第二语言需要花大量时间。科利尔(Collier)及其合作者曾报告，需要花3至5年习得较流利的口语，7至12年习得较流利的第二语言。作者陈述道，期望来自少数族裔社区的少数民族儿童在2至3年内学好第二语言是不现实的(Jimenez，1994)。

吉蒙尼斯等人(1996)曾研究过来自3个学区的14个6至7年级学生的元认知阅读策略。研究者将这些学生分为3组:8个学生是成功的阅读者,3个阅读者是勉强成功的阅读者,3个单语言英裔学生则是很好的英语阅读者。他们使用先前知识评估、背景调查、有声思维评估、课文复述、访谈方案来测定他们使用了什么策略。作者的结论是,成功的双语阅读者已经发展了一个双语阅读计划,在使用西班牙语和英语阅读时整合关于阅读过程、策略、跨语言迁移和试验策略程序的知识。成功的双语阅读者可以讨论他们的策略,例如探究、重读和使用先前知识。不成功的阅读者不能分析他们的理解策略。成功的双语阅读者会采用诸如使用同词源的词和迁移这样的策略。高效的双语阅读者能从他们较为擅长的语言迁移到掌握得不是很好的语言上。他们注意西班牙语和英语之间的积极联系,他们认为阅读其第一语言对第二语言阅读是有帮助的。不成功的第二语言阅读者则更倾向于将其第一语言视为第二语言阅读的障碍。作者也认为双语教育应正确运用知识迁移,但很少有教师对少数民族语言学生使用该策略。

哈丁(Hardin,2001)调查了成功的双语阅读者的阅读策略和解决问题行为。对共有50名拉美裔4年级双语学生进行了调查。学生接受关于两种语言的阅读感知和阅读过程的面试。哈丁调查了学生用于阅读母语和第二语言说明文的理解策略。他也调查了他们如何跨语言地迁移这些策略。他发现,第二语言口语较熟练对第二语言阅读理解起到唯一的决定作用。超过60%的学生报告说,他们认为西班牙语对其英语学习是有用的。所有的学生都使用了认知阅读策略和概念阅读以作为一个意义形成活动。优秀的和中等的双语阅读者在阅读英语和西班牙语时使用的策略是相似的。这个结论表明,第二语言阅读的策略行为不仅仅依赖于第二语言水平,用于第一语言的策略也为第二语言提供了策略准备。作者建议第二语言阅读者的阅读理解应用语言原理整合阅读理解,而不是首先发展第二语言口语能力并在第二语言口语较熟练后才滞后性地发展阅读教学。

第二语言阅读发展也受社会文化因素的影响,包括主流语言和少数民族语言的地位情况。如前文所述,西班牙语在一些健听双语课堂上可能被轻视,美国手语在一些聋教育课堂上可能被轻视。社会文化因素也包括家庭交谈模式以及家庭语言和学习语言的失衡。所有这些社会文化因素都影响着第二语言英语读写能力的习得(Pang & Kamil，2004)。

双语儿童读写能力教学是怎样的呢?一些说西班牙语的儿童的双语项目会强调自下而上的方法(部分语言到整体语言),采用看字读音教学法、作业表、训练和练习方法，与基本的阅读材料配合使用。首先强调解码技能，理解教学会较晚进行。一些研究已经表明，多数双语儿童的阅读教学实际上是被动的，没有促进复杂语言或高级思维技能的发展(Garcia，1999)。

彭和卡米尔(Pang & Kamil,2004)提出了第一语言和第二语言读写能力发展关系的四个模式(或方法)。在第一个模式(第二语言入门模式)中，教师先发展学生的第二语言口语能力，再发展学生的第二语言读写能力。要求学生先听和说英语，然后再学习阅读。这种模式基于口语可以映射到书面语这个前提。然而研究没有指出第二语言口语需要发展到什么样的水平。在第二种模式中，即知识迁移模式，支持教儿童阅读、书写，并用第一语言学习内容以帮助他们发展认知以及发展第二语言技能。晚退(late-exit)双语项目就采用了这个模式。不过，至少对学习有困难的英语(第二语言)阅读者来说，这样的迁移不会自己发生，除非有相关的教学(Jimenez et al.，1996)。第三种模式叫做相互依赖模式。在这个模式中，双向的特征渗透着双语项目，基础前提是第一语言和第二语言读写能力是相互依赖的。该模式在发展第二语言读写能力时继续发展第一语言。在第四种模式中，教师在建立儿童的背景知识、双语能力和第一语言技能时，明确地通过阅读技能的系统教学来发展第二语言读写能力。教师可以集中精力建立学生的跨语言策略，例如识别同词源的词、迁移和语码转换。研究者已经发现成功的双语健听(Jimenez et al.，1996)和聋人(Andrews & Karlin，2002)阅读者都会使用这些策略。

也有其他研究者陈述道：教师需要通过提供关于新词汇的广泛讨论这样的方式，在词汇上为学生提供明确的指导。读写能力教学法应该是长期的，以给予学生更多的时间。教学设计应可以促进迁移。但教师应该明白，不是所有理解英语课文所必需的策略都能够迁移，教师必须对此予以识别并教授给双语英语(第二语言)阅读者(Jimenez，1994)。当研究者调查聋人和健听阅读者在理解英语书面语上通常会遇到的困难时，很少有研究是涉及弄清双语学生是怎样理解科学文章的。双语学生不仅要学习科学概念和过程的内容，他还必须用他所不精通的语言来学习科学。

聋人双语学生的阅读理解和科学

哈利·朗(Harry Lang)和他的合作者曾经详尽地写过聋人学生对高质量科学教学的需要，这种需要包括强调视觉学习、科学读写能力、动手做、积极参与和认知参与(Lang & Steely，2003；Yore，2000；Lang & Albertini，2001)。研究者也曾经使用多媒体和相关手势打法为科学内容词汇制作过美国手语词汇表，以帮助聋人学生理解其英语科学资料。像“杰森工程”(the Jason Project)这样的方案都曾纳入聋人学生的课堂,在“杰森工程”里聋人学生可以直观地追随全球科学家所做的科学研究。字幕电影和手语翻译的使用,使这些科学资料和多媒体很容易为聋人学生所接受。

健听双语学生的科学教学

健听双语学生的工作也是类似的。例如,汉普顿和罗德里格斯(Hampton & Rodriguez,2001)研究过在正在发展英语(第二语言)技能和西班牙语(第一语言)技能的5年级学生身上,实施动手做、探究科学课程的效果。一半的教学采用西班牙语,另一半采用英语。然后对这107个5年级学生进行态度评估和书写评估,调查结果非常肯定地表明,学生的西班牙语和英语技能都提高了。该研究所使用的探究课程是为促进学生科学思维过程而设计的。该项目的目的是通过学生自己的探究和调查,促进其科学概念的发展。作者的结论是,若全部用英语展示,则英语技能的欠缺就会造成探究方法上的障碍。在不懂学生母语的教师的课堂上,学生在理解科学概念上会产生障碍。

在另一个研究中,阿玛拉尔、加里森和克伦茨基(Amaral, Garrison & Klentschy, 2002)调查了在加利福尼亚州接受探究式科学教学(针对5年级学生)培训的教师。收集学生科学、书写、阅读和数学测验成绩的数据。结果表明进入项目较久的学生在科学、书写、阅读和数学上都有较高的分数。研究者也观察了教师的教学。双语课堂上的教师常常在每天的教学中用西班牙语引入一个教学主题。在一个教学单元里,教师分发的资料用英语编写,但在检查学生的理解时,教师使用西班牙语向学生提问,并用英语在学生面前写出来。这种教学要求学生用英语完成作业,但允许他们用西班牙语来理解,也可以寻求同伴的翻译援助。鉴于对英语(第二语言)阅读者来说阅读科学课文是固有的挑战,上文所述的这些策略都是有道理的。

科学课文阅读理解的特殊挑战

科学课文的书面语,即使是在小学水平,也是专业而抽象的。一些第二语言学习者,包括聋人和健听人,理解这种课文是有困难的。英语书面语是英语口语声音的符号化。在阅读的过程中,小学生必须将这些词解码。阅读者将书面符号翻译成口语，又从口语到含义。聋童则是将英语书面语转化为手语，但有时他们会难以理解一些多义词，如下文所示。下面，以5年级科学课本为例说明聋人和健听英语（第二语言）阅读者所遇到的困难（Scott Foresman Science，2003，p. C 10）。

地壳、地幔、地核

“你已经学过了一些关于岩石圈的知识，即地球最外层的坚硬岩石。现在假设你在一个假想的船上，可以进入地球内部，开始准备探索你所在的学校下面有些什么。根据地球的图解继续开展学习。”

由于种种原因，英语（第二语言）学习者在这个段落上会遇到困难。题目“地壳、地幔、地核”（crust，mantle，core）所含的科学意义，不同于他们日常的会话。例如，学生会很熟悉“crust”的诸如比萨饼胚（pizza crust）、派皮（pie crust）或眼皮这些生活中常用的意思。而“地壳、地幔、地核”这些词根据上下文则都有多种意义。“岩石圈”一词是一个科学学术用词，不常用于日常会话。学生在这个词上会需要直接指导。而且，该段落需要阅读者假设他们在一艘船上，并向着学校之下的地壳前进。这是一个高度抽象的概念，会对第二语言阅读者造成困难。

这一章包括以上段落也充斥着小品词，例如 make up、plunge into 和 looking down，聋人阅读者就会对这些词产生疑问（Payne & Quigley，1987）。这一章也充斥着比较难的复合句、复合字和并列复合句。关系从句和“that”补语也会造成聋人阅读者的理解困难。他们在阅读英语问题上也会遇到困难，问句形式是一个比较难的句法结构。这一章也充斥着系动词（be）结构。聋人学生在理解系动词（be），以及动词时态和数的变化上，会遇到困难。聋人第二语言阅读者对时间概念的理解上也有困难。比如这一句，As you plunge into the earth，you enter the outer layer，or crust.（当你进入地球，你首先会进入外层或地壳。）“as you...”可翻译为“当……”或“与……同时”（Paul，2003）。

聋人阅读者在方向的顺序上也有困难。这一章到处都有，阅读者被要求跟着作者一起做一个穿过地核的“旅行”。英语（第二语言）阅读者在理解潜在概念或隐喻上会有困难，而将这篇文章连接起来的就是一些概念和隐喻。英语（第二语言）阅读者会照字面意思翻译这个进入地球中心的旅程，而不是一个假想的旅程；并会想当然地认为他/她若进入地球的旅程的话就会死的，因为那里太热了。

而且，科学课文的作者用不同的形式组织信息，例如图画、照片、曲线图、图表、粗体字、补充报道和表格。英语（第二语言）阅读者在打开其科学课本看到那些配有标题的图片、图表、数据表等等的时候，会感到崩溃。他们会需要教师来解释所有的意思，这成为科学课程的一部分。

双语教育和教学法

双语教育领域允诺为学生提供适宜的教学法以使他们能够阅读科学课文。它特别强调“预习—阅读—复习”技术的使用。“预习—阅读—复习”(PVR)教学法是一种迁移方法,教师先使用学生的第一语言来建立背景知识和概念。学生就可以理解以第二语言或弱势语言——英语所展示的相同内容。在讨论“预习—阅读—复习”(PVR)教学法的历史之前,研究者将先介绍一下其背景,该背景涵盖了普通教育中的双语教育以及特别是聋人学生的美国手语/英语双语教育。

普通教育中的双语教育

正式的双语项目始于1968年“双语教育法”的颁布(August & Hakuta, 1997)。很多年来,人们普遍认为双语对儿童的认知和学业能力有消极影响。认为若允许儿童使用两种语言,他们会受到认知干扰。而最新的研究表明,双语可以促进智力的发展、认知的灵活性、创造性和元认知、元语言意识的发展,因为学生可以用两种语言思考和交流。同样,父母为聋人的聋童的研究也表明,年幼的聋人双语儿童在认知、创造性和语言上有着显著的优势(Hamers, 1998)。

健听学生的双语项目

关于不同类型的双语项目的研究有很多。当前有10种不同的双语教育,包括不同的“强式”双语教育形式,它们都鼓励使用两种语言。沉浸式双语、发展维持/继承语言以及双语言,都是很著名的强式双语教育形式。沉浸式双语项目始于加拿大,但这种形式也见于全世界(Baker, 2000)。这些项目也可以用于用第二语言学习的主流语言儿童。双语项目是在美国主流语言和少数民族语言儿童混合起来的课堂上发展起来的(Baker, 2000)。根据在课堂上分配给各个语言时间的不同,有着多种多样的强式双语教育项目,但全双语双文化都是最终的目标。弱式双语教育包括淹没式(结构沉浸),有着缩减的或受保护课程的淹没式,隔离主义,过渡,主流(外语教学)和隔离项目(例如双语、早期退出和晚期退出、维持项目)(Baker, 2000; Cummins 2000)。

已有研究科学地比较了混合双语项目的效果。研究表明运行良好的双语项目有很多益处。托马斯和科利尔(Thomas & Collier,1995)报告说:在说英语的人身边学习西班牙语的双语儿童,在双语项目中表现最好 。早期的批评家也发现了双语项目的缺点(Rossell & Baker, 1996)。但其他研究也表明罗塞尔和贝克(Rossell & Baker)涉及双语项目的研究不是很合理,因而他们对双语项目的批评也是有缺陷的(Krashen, 1996)。采用元分析,一种在研究中检查和测量众多变量的方法,也已经发现对于双语儿童来说双语教育要比唯英语项目的效果更加积极(Greene, 1998; Willig, 1985)。

聋人学生的双语项目

在聋教育中使用双语教学法并不新鲜(Nover, 2000)。在早期的建立于 19 世纪晚期的聋校里,教师曾经使用美国手语作为教学语言来教授阅读和书写第二语言。到了 20 世纪,发生了一个历史性的改变,一些学校改为实施口语或唯口语教学法。到了 20 世纪 70 年代,随着全沟通以及其他综合教学法的出现,手语才再次被引入聋校(Nover, 2000; Andrews et al., 2004)。

自 20 世纪 90 年代以来已经有很多人开始注意为聋童建立双语项目(Strong, 1995; LaSasso & Lollis, 2003)。这在很大程度上是因为大量数据表明,父母为聋人、在幼年便习得美国手语的聋童表现出很大的优势。也有数据显示,美国手语技能和英语读写能力之间有着紧密的联系(Padden & Ramsey, 1998; Prinz & Strong, 1998; Singleton, Supalla, Litchfield & Scheley, 1998)。

到了今天,美国约 19 个州的寄宿聋校,包括特许学校,都使用美国手语作为教学语言来进行英语(第二语言)教学(Nover, 2005)。然而,仍有大部分聋童在公立学校接受教育,在其语言教学中使用的是手势代码英语或混合语言教学法(Andrews et al., 2004)。

1997 年以来,新墨西哥州圣达菲聋校的美国手语和英语读写能力教育和研究中心(CAEBER)的史蒂夫·诺华博士(Dr. Steve Nover)等人,曾开展过一项对聋童使用美国手语/英语双语教育策略的调查,该调查包括来自 19 所学校的 300 多名教师,以及 5 所大学的职前培养项目(Nover, 2005)。初步结果表明,在家中接触手语、参加强调手语的学前班、进入使用美国手语/英语双语教学法的学校就读的聋童,读写能力成绩比没有这些早期优势的学生更好。诺华等人主要致力于教师任职和职前水平的培训(Nover，2005)。

加剧健听和聋人双语教育争论的理论

研究已经表明,有效的双语项目有如下特点:使用母语进行主题教学、发展第一语言读写能力、提供英语的可理解性输入(Krashen & Biber，1988)。康明斯(Cummins)的语言相互依赖模式、阈值模式、克拉申(Krashen)的可理解性输入观念这3种理论,被认为是支持双语教育的(Baker，2001)。

双语支持者们普遍认为,在校学生的第一语言(L1)和英语(L2)始终都应该分开使用。选择哪种语言应由教师根据学生的背景和教师的教学目的来决定(Baker，2001)。他们也认为第一语言读写教学为学生的第二语言发展构筑了一个基础的和概念上的能力水平(Cummins，2000)。语言相互依赖原理认为,提高第一语言水平的教学会促进向第二语言的迁移,使学生能够充分地接触英语、也有充分的动机去学习英语(Krashen，1996)。

会话语言和学术语言可以是部分重叠的。分开它们,学习英语(第二语言)的学生就会遇到困难。基于其他认知科学的研究,康明斯(Cummins,2000)曾经提出一个直观的比喻,以解释习得社交英语和习得更抽象且更复杂的课本学术英语之间的区别。这种观点有其概念上的和实践上的价值,它解释了我们可以怎样更好地使聋人和健听双语者接触和学习英语。

康明斯(Cummins,2000)使用“BICS”的缩写,来称谓会话语言水平或基本人际交往技能这样的术语。他还创造了“CALP”(认知学术语言水平)这个术语。会话英语是高度情境化和程序化的口语,例如“喂,你好吗?”和“你叫什么名字?”学术语言则是一种课堂语言,包括概念和概念所属领域的课本和报告文学中的教学词汇(例如“光合作用”、“黑洞”等科学术语)。一些健听双语者很容易习得社交英语,但在习得英语和西班牙语学术语言时却会遇到困难。

这种范例(康明斯的BICS/CALP)由两个交叉的统一体组成,表现出基于学习者认知需要程度的学术语言或学校语言的特色。语言任务在这方面是不同的。例如,复制一组词汇并不能满足写作一个段落的认知需要。另外,每一种语言任务都有个特点,即一定程度的概念化,并可以根据学习者的任务的方式而不同。格雷罗(Guerrero,1997,p. 67)提供了一个生动的科学范例。他说,阅读关于科学课文中关于“蜕变”的内容,就不如实际观察蝴蝶或青蛙的蜕变来得情境化和直观。

在图表1中,我们展示了具体的例子:学生的第一语言(L1)中社交语言和学术语言之间的差异，以及第二语言中社交英语和学术英语之间的差异。我们注意到，英语口语和美国手语都可以是社交的或学术的。例如，一个关于天气的英语口语会话可以是社交的；一个关于光合作用的演讲就是学术的。同样，一个关于天气的美国手语会话是社交的，然而一个关于美国手语语法的演讲就是学术的。教师常常规定在学科中使用英语，而没有在表达学术内容时充分地使用手语。聋人和健听双语阅读者在阅读其英语课本时会遇到挑战。而且，一些使用西班牙语/英语的健听双语者，并没有掌握可以迁移到英语上的西班牙语学术技能（口语和/或书面语）。同样，聋人学生也没有掌握可以迁移到英语上的美国手语学术技能。这不仅仅是英语学习者（ELLs）的问题。健听双语教师的西班牙语学术水平也会有所欠缺（Guerrero, 1997）；教授聋人学生的双语教师的美国手语水平也会有所欠缺（Andrews, Leigh & Weiner, 2004）。

社交美国手语或西班牙语	社交英语
互相讨论非正式主题（例如天气、新闻、食物等） 小组或全体的自由讨论（例如说故事、活动策划等） 参加互动游戏（例如手形、手语、桌上游戏等）或西班牙语的游戏	写作非正式文章（例如日记、食物单、卡片、一般书信、笔记等） 社交目的的手指拼写/指拼阅读（例如人们的名字、地点、不会打的手语等） 写笔记（例如私人的、会话的等）
学术美国手语或西班牙语	**学术英语**
参加主题内容、事件、预测、推论和评论信息/问题的讨论（例如文学、展览等） 将美国手语翻译为英语，将英语翻译为美国手语（或将西班牙语翻译为英语，将英语翻译为西班牙语） 表演的策划和制作（例如角色扮演、戏剧、学生组织等）	写作（例如语言经验故事、杂志、陈述、报告、商务信函） 监测和评估技能（例如词语的选择、语义学等） 以学术为目的的手指拼写（接受和表达）（例如目标词汇） 网络访问信息

图表1：社交语言和学术语言：美国手语（或西班牙语）和英语（Cummins, 2000; Nover et al., 2002）

康明斯（Cummins,2000）为BICS/CALP提出了一个直观的比喻，并考虑到了课文支持和认知参与的变化。在图表2中，康明斯等人假设一种语言的知识、能力和接触方式可以影响到第二语言概念的习得和发展（例如第一语言和第二语言习得的相互依赖模式)。

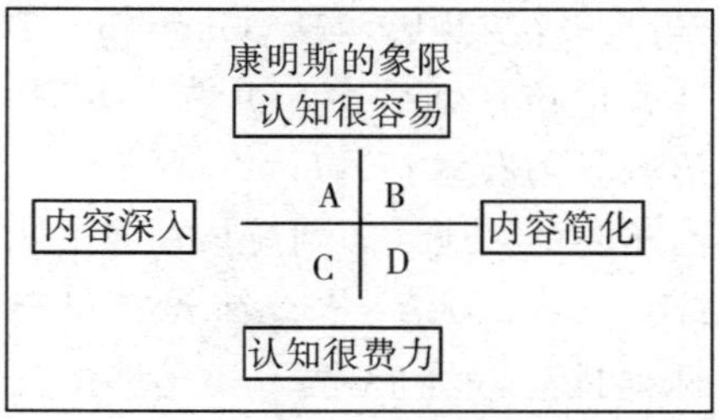

图表 2:语言任务和活动中课文所支持的范围和认知参与的程度(Cummins, 2000; adapted for deaf students by Nover et al., 2002)。

健听双语者可以利用其第一语言水平来帮助自己习得第二语言(英语)。他们很自然地在运动场上、在组织运动的过程中以及在电视和收音机里习得会话英语。教师也可以在学校教学中使用英语会话技能(象限 A)来提供很多支持,诸如一张图片或一个语言经验事件。健听双语者可以依赖他们已经习得的会话英语技能,来支持他们对更复杂的学术英语技能的学习(象限 B 至象限 D)。

对于聋人双语者来说,这个过程有很大的不同。健听双语者使用其第一语言(西班牙语)从象限 A 到象限 D,通过这个过程来习得英语(第二语言),但聋人双语者对英语的接触是不同的。聋人学生使用会话英语或社交英语的方式是截然不同的——通过电子邮件、聋人打字机电话、字幕电视或笔录。对于聋人学生来说,社交英语或会话英语本来就包括读和写。哪怕是简单的书写——在单词或短语的水平——也是一个有挑战性的工作。聋人双语者必须思考如何将自己的想法写出来,把它们翻译为英语,并判断其拼写、语法和标点符号。这只不过是将社交会话用英语写出来。因此,对于聋人双语者来说,我们在区分会话和学术这个问题上会有些混乱。当聋人学生必须使用这些技能作为其在学校里接受学科信息的主要来源时,他们的读和写就变得更加复杂。聋人学生不像健听双语学生,他们必须坚持不懈地付出努力,才能主要通过读和写的渠道来习得英语。聋人双语者只能埋首于学术英语作业中,例如阅读课程或者写作课程,而无法从一个牢固的会话英语基础中获益。人们希望聋人双语者在标准成绩测验中表现得像健听单语言学生一样,却没有让这两类学生同等地接触英语(Nover et al., 2000)。

美国手语没有广泛地使用书面语形式,这为语言迁移和语言相互依赖问题增加了复杂性(Cummins, 2000)。[注:已经有人在尝试创造和使用针对聋人学生的手语书写系统,不过这种实践还没有推广。]已经学习过第一语言(西班牙语)阅读的说西班牙语的儿童,更有优势通过使用同词源的词(例如历史 historia—history;食肉类

carne—carnivorous)将这些相关技能迁移到英语阅读学习中(Jimenez, Garcia, & Pearson, 1994)。这种语言迁移,涉及康明斯(Cummins,2000)的语言相互依赖理论。但研究者也告诫道,课程应该仔细排序。更进一步讲,教师需要为学生提供支架,以帮助学生利用其母语来学习英语(Freeman & Freeman, 2005)。语言教学应通过内容主题领域来进行,还要更多地认知到应该注意并重视学生的深层共享能力(CUP)(Cummins, 2000; Baker, 2001)。若学生没有机会去建构其母语或第二语言,他们的语言学习就会遇到挑战,他们无法习得足够的语言水平来发展更高水平的双语(康明斯的阈值假设)。有限的双语,会对学生的认知产生消极的影响(Cummins, 2000; Baker, 2001)。要想正确地设立项目,应让儿童利用其主要语言来接受学术内容,也让儿童使用其第二语言(英语)来接受教导。儿童通过其第一语言习得更多的英语和学术,用英语逐渐引入主题以使其易于理解。克拉申(Krashen)将这种理念叫做提供可理解性输入(Krashen, 1996)。

双语理论和像它们所表现出来的那样直观的理论,只触及双语学生在语言和读写能力学习方面的需要的表面。双语学生还需要一个广泛的支持系统,该系统由大量相同年龄和不同年龄的学生和成人、双语教师、书籍、使用主要语言的媒介以及双语言资料组成。

双语项目还需要很多支持

语言学习在很大程度上依赖于使用者群体,即同等水平和相对较高水平的语言学习者。换句话说,学生需要大量相同年龄和较之年长的同学和成人,可以用其主要语言和第二语言与他们沟通。在双语项目中,仍然有大量说西班牙语(主要语言)的人和受过训练的西班牙语/英语双语教师,非常需要学习西班牙语和英语。但是双语项目的数量很少。美国现有的大部分双语项目,都要求双语儿童在只使用英语的教室中学习1至3年。因此,大部分在主流教室里的健听双语儿童,在他们的大部分学习生活中,都不需要接触使用西班牙语或其他主要语言的同伴和成人。特别是在诸如美国中西部的乡村地区,广大英语(第二语言)学习者被与使用其主要语言的同伴和成人隔离开来。只在一些特殊案例中,某些学区会雇佣父母或助手来提供援助,使用儿童的主要语言,但是这种双语资源并不常用(Baker, 2000)。

聋童的很多情况都是相似的。在1975年的时候,大多数聋童都在州立聋校里接受教育。但到了今天,只有不足30%的学龄聋童去聋校读书。根据94—142公法和《障碍者教育法》(IDEA)的规定,大部分聋童和重听儿童现在都进入邻近的学校就读。这部法律的目的是给聋童一个自由的和适宜的学校教育，让聋童与健听同学一起学习。然而不幸的是，一些案例的情况表明，它造成了孤立聋人学生的情况，因为聋人学生只与陪同的手语翻译沟通（Andrews, Leigh & Weiner, 2004）。这种情况常常对聋童手语和第二语言（英语）的发展造成消极的影响。

另外，一些聋童的父母在家中不会选择使用手语。这会在聋童的语言习得上导致更多的滞后。大部分聋童都是后来在学校生活里从其同伴或聋人成人那里学到手语。在一些案例中，这种语言滞后会导致聋童在社交、心理和情感上的严重滞后（Andrews et al., 2004）。

双语教师培训的必要性

教师培训中也有些问题会影响到学生的语言习得。例如，教师需要双语教学法和第二语言阅读教学的培训（Pang & Kamil, 2004）。

西班牙语/英语双语教师

双语教师在全国都有供不应求的情况（Barron & Menken, 2002）。得克萨斯州学区报告称，双语和英语为第二语言（ESL）项目中，在小学阶段缺少 2 906 名教师，在中学阶段则有 26%的空缺（Texas A&M University, 2002, cited in Barron & Menken, 2002）。

双语教育需要更多受过训练的、精通学术西班牙语的西班牙语/英语双语教师（Guerrero, 1997）。这大概与该项目中学生越来越显著的积极成果有关，该项目使用的语言是说西班牙语的家庭的母语。已有支持双语项目的研究报告称，学生先有较好的母语或接近母语的水平，才能促进其学业成绩的提高（Guerrero, 1997; Thomas & Collier, 1997）。不管怎样，现实是，一些有西班牙语姓氏、使用西班牙语的双语教师，没有西班牙语的角色模型，也没有充分的准备在课程中使用西班牙语（Guerrero, 1997）。

而且，父母会决定不再在入学前对其婴儿和孩子们使用西班牙语（Guerrero, 1997; Wong Fillmore, 1991）。对于第一语言和第二语言习得来说，早期教育是很关键的。但是，父母在自身的成长过程中会有在工作时使用西班牙语、难以学习英语的消极经历，所以他们决定拒绝再在家中使用西班牙语（Guerrero, 1997）。

另一个因素是双语项目缺少高校这一层次。多数学校都在最初几年就使双语学生过渡到只说英语的课堂。因此教师和学生没有机会来发展学生的学术西班牙语水平。由于这些因素，双语教师在来到师资培训机构之前，都缺少多年的使用学术西班牙语的经验。他们缺少一个基础西班牙语学术语言经验。他们会保持一定的西班牙语口语水平,但在西班牙语读写能力和西班牙语学术语言的水平上就有欠缺。他们的早期和晚期学校经验的社会语言方面的后果,对其作为双语教师的效力会有影响。这又增加了一个问题:双语教育教师培训是否可以补偿失去的语言基础,即双语教师发展其科学西班牙语的语言基础。

美国手语/英语双语教师

我们也需要准备更多的精通两种语言的美国手语/英语双语教师(Nover, et al., 2002)。多数健听教师和一些聋人教师在成年后才开始学习美国手语。他们将美国手语作为第二语言来学习,缺少足够的学术美国手语水平。一个调查表明,只有16%的聋童教师是聋人或重听人,但是这还是不能确保他们能够精通美国手语和英语。

历史上,聋人教师在获得聋校教师和管理职位方面,一直受到歧视。到了今天,这种情况已经开始慢慢地改善(Andrews & Jordan, 1993)。不管怎样,甚至在聋人学生中,也有一些人在童年晚期和成人期才习得美国手语,因此他们的美国手语水平还是有欠缺。他们能够在会话水平上以社交为目的和聋人学生交流,但是缺少诸如科学、数学和社会研究领域的教学所必需的高级美国手语技能。一些年幼的聋童由只有薄弱的美国手语技能的教师来教,特别是在学前阶段,即语言习得的关键时期,这增加了问题的复杂性(Shantie & Hoffmeister 2000)。

我们不仅需要更多的双语教师(美国手语/英语和西班牙语/英语),也需要双语学生更多地接触使用主要语言(西班牙语和美国手语)制作的自由阅读资料和媒介。

西班牙语自由阅读资料的使用

以上研究指出了主要语言读写能力发展的重要性,它可以作为一个媒介,为第二语言读写能力提供一个基础。这种自由阅读的观念,对第一语言读写能力和第二语言读写能力的发展都很重要。自由阅读指学生在课堂作业之外的阅读(Goodman, 1967; Krashen, 1987)。然而,在小学和中学图书馆里都缺少有效的西班牙语自由阅读资料(Pucci, 1994)。

璞琪(Pucci)调查了洛杉矶地区较大的9所学校和社区的图书馆。她发现只有很少的西班牙语自由阅读资料,一些图书馆还限制学生借阅西班牙语书籍。学校对英语自由阅读资料的态度则相对更加积极,这影响着学生的借书行为。作者建议学校和社区的图书馆应更加努力地提供第一语言和第二语言读写能力发展的自由阅读资料。

美国手语自由阅读资料和媒介的使用

我们也缺少可以使聋人学生使用其主要语言(美国手语)的美国手语录像带和DVD光盘。在由美国手语故事、民间故事、诗歌和叙事文章组成的美国手语文学领域发展的过程中,面向公众供应的、CD－ROM和DVD光盘形式的资料是很有限的。而且,CD－ROM和DVD光盘很贵,聋人和重听学生在学校图书馆和家里不容易接触到。随着家庭和学校中VCR/DVD播放器和计算机的日益流行,这种情况会有所改变。我们还需要关于该领域的更多研究(Nover, 2005)。

在图书馆里双语书籍的使用

即使是有大量学生和受过训练的双语教师的学校,学生也不能接触到发展主要语言读写能力所需要的足够的书籍、杂志和其他资源,也缺少双语言资料。双语言资料包括书籍、CD/DVD光盘和录像带,用两种语言编写的故事和报告文章。例如,可以采取在页面的一边使用英语书面语而另一边使用西班牙语的形式,两种语言共同使用相同的配图(Baker, 2001)。

自1980年以来,包括一种以上语言的书籍开始越来越多地在美国出版。多数双语书籍面向大量说西班牙语的人,美国出版社还开始制作包括中文、韩语、越南语和乌尔都语的书籍(Ernst-Slavit & Mulhern, 2003)。

双语言资料也可以采取这样的形式:在用英语写作的段落中,在单词、短语、句子或段落上附一个美国手语视频链接(Andrews & Jordan, 1998)。[注:挪威也有一种方案,解释了手语课文是怎样从书面语课文发展而来的(http://www.signing-books.org/index.htm)。随着带宽的增加和网速的加快,这些工具和产品很快就会更加容易在因特网上接触到(可见www.homework.lamar.edu),也有其他方案www.wpsd.org/content/projects/studentwork/movies。]使用聋人手语的学生需要接触双语言资料,它由附有英文翻译的、有趣的美国手语故事CD/DVD光盘或录像组成。他们也需要能够彻底、清楚地解释美国手语和英语语法的课文及美国手语录像。教师需要通过讨论两种语言的语言特征,向聋人学生解释这两种语言的相似之处和不同之处。这是双语的一个关键方面,因为这些解释会使聋人学生发展其语码转换能力，帮助他们成为平衡的双语者(Andrews & Jordan, 1998)。

教学法解决方案："预习—阅读—复习"(PVR)教学法

"预习—阅读—复习"(PVR)教学法，是一个有希望的英语(第二语言)学习者——聋人和健听——读写能力的双语教学法。"预习—阅读—复习"(PVR)教学法对于双语教育来说是很新颖的。事实上，它最早源自普通教育，特别是科学教育。

"预习—阅读—复习"(PVR)教学法的历史

"预习—阅读—复习"(PVR)策略的历史，可追溯至学习过程中"先行组织者"这个术语所涵盖的学习技能(Ausubel, 1960)。"先行组织者"是一种可视化的方法，通常用于实践课程中，通过给学生提供一个流程图、语义网络、图片、图形、表格或发起一个关于复杂内容的讨论，来帮助学生做功课前的准备。奥苏贝尔(Ausubel,1960)提出，当教师提供一个关于课程和信息的目的的清晰阐述以供学习者阅读时，学习者就可以更好地理解新资料。"预习—阅读—复习"(PVR)教学法，也要求在阅读课程之前建立背景知识。

背景知识在阅读理解中的作用

卡雷尔和弗洛伊德(Carrell & Floyd,1987)指出，英语为第二语言(ESL)的教师必须教授学生怎样在已有知识和新知识之间建立桥梁。"头脑风暴"就是一种非常流行的读前任务(Wallace, 1992)。许多已经提出的在文献阅读之前应采纳的有效途径和方法，都与涉及背景知识的活动有关(Ajideh, 2003)。

背景知识由各种生活经验组成，包括个体家庭经验和文献阅读背景，也包括世界知识，特别是个体对世界和身边事物的理解(Fountas & Pinnell, 2001)。已经有研究发现，利用与课文有关的背景知识能够帮助阅读者更好地理解(Tierney & Cunningham, 1984)。托妮和坎宁安(Tierney & Cunningham)曾论述建立背景知识的优点。建立背景知识，是一把通往高效阅读理解的钥匙。它对第二语言学习者的英语学习是非常关键的。这种先前知识作为一个故事和儿童主要语言之间进行链接，因而促进了儿童的理解和学习。他们建议使用一些读前活动，主要通过预习内容和启动记忆中已有的图式或知识来建立背景知识。

普渡大学教授曾制作一个网页来描述“预习—阅读—复习”(PVR)教学法，将其介绍为主修科学学生的一个学习技能。这种教学法已经被推荐为一个应具备的学习技能，它通常只使用一种语言。“预习”阶段是一个课程，在给学生一个章节或课文来阅读(“阅读”部分)之前，利用一个摘要使学生的头脑为即将面对的资料做好准备。预习的目的是在实际阅读之前，使学生的头脑对即将要面对的东西产生兴趣。在预习的过程中，学生会激活其关于该主题的背景知识。预习可以有多种形式，可以略读该章节，浏览图表或图片，看一看图形或表格，或者就他们所知道的关于该主题的东西与同班同学开展一个班级讨论。第三步，复习，指激起学生头脑中在“阅读”部分读过的东西的过程。复习可以不止一次，但是每一次复习都应该简短，约5至10分钟。复习的目的是激活关于读过和理解过的东西的记忆(http://web.ics.purdue.edu/~rallrich/learn/preview.html)。

“预习—阅读—复习”(PVR)教学法应用于双语教育的定义

在双语教育中使用时，“预习—阅读—复习”(PVR)教学法根据迁移机理，由教师用少数民族语言提供预习，用儿童的少数民族语言建立先前知识，然后用主流语言进行更完整的复习(Jacobson，1990；Lessow-Hurley，1990；Baker & Jones，1998；Freeman & Freeman，1998，2000，2001，2005；Baker，2001；Brice，2002；Ovando，Collier & Combs，2003)。

不是所有的双语研究者都同意这种“预习—阅读—复习”(PVR)教学法的定义。下面举例介绍一些观念上的分歧。双语教育家弗里曼夫妇(Freeman & Freeman，1998)曾广泛地论述过“预习—阅读—复习”(PVR)教学法。弗里曼夫妇(Freeman and Freeman)说：“在上下文中嵌入语言的一种方式，是提供一种语言之外的、现于真实语言使用中的支持。”(p. 76)根据他们的定义，在“预习”阶段，教师应使用学生的第一语言提供一个课程或活动的概述。这可以是口头的概述、阅读一本书、播放一部电影、询问一个关键问题等等。在“阅读”阶段，教师用学生的第二语言来教授课程或指导活动。在“复习”阶段，教师或学生用他们的第一语言来总结关键思想并提出关于该课程的问题(Freeman & Freeman，1998)。

人们相信，“预习—阅读—复习”(PVR)教学法要优于简化课文的方法，即将复杂的句法简化为简单的句法。例如，一些双语教师与聋人或健听学生进行教学活动时，因为第二语言（英语）阅读者在理解英语上有困难，教师通常会将课文简化或将内容浅显化。但是这样的教学过程是达不到预期目标的。它导致了语言的失真，也减少了儿童从章节的上下文中得到的线索。换句话说，改写复杂英语阅读资料并且简化句法，会在事实上对健听和聋人第二语言（英语）阅读者的阅读理解造成阻碍（Ewoldt，1983；Freeman & Freeman，1998）。

弗里曼夫妇（Freeman & Freeman，2001，2005）还在后来出版的关于"预习—阅读—复习"（PVR）教学法的书籍中做了更深入的详细阐述。"预习—阅读—复习"（PVR）教学法能够在第二语言或第三语言的教学过程中帮助教师和学习者。这是一个使用两种语言建立概念和技能的方法，它通过使用第一语言进行预习、使用第二语言进行阅读并使用第一语言讨论内容和第二语言。

同时，文献也指出：只包括两种语言的文献阅读，并不总是严格遵循"预习—阅读—复习"（PVR）的步骤。例如，弗里曼夫妇（Freeman & Freeman，2000）作者曾讨论过，在"预习"阶段学生和教师主要使用学生的第一语言（西班牙语），但也在这个阶段介绍一些英语阅读或问题。在"阅读"阶段，学生和教师主要集中于英语或第二语言，但是允许学生使用西班牙语提问。在最后的"复习"阶段，主要使用西班牙语总结学生学到的东西，但教师也可以插入使用英语书面语作为总结工具（Freeman & Freeman，2000）。

奥万多、科利尔和库姆斯（Ovando，Collier & Combs，2003，p. 248）则提出另一种经过变化的"预习—阅读—复习"（PVR）教学法。在这个叫做"预习—复习"的方法中，教师只使用一种语言介绍数学或科学课程，在呈现课程内容时使用第二语言。在"预习"阶段，教师会使用学生的优势语言以确保他们理解了主课程中所展示的概念和词汇。例如，在用英语展示关于温度测量的小学科学课程时，也会包括对"增加"和"减少"等英语单词的意思的韩语解释。在主要课程结束后，会根据双语学生的优势语言用韩语或英语来"复习"课程。这说明，虽然"预习—阅读—复习"（PVR）教学法通过主要使用一种语言的方式在各个阶段之间转移语言，但这不意味着学生和教师在"预习"或"复习"阶段不能进行英语的语码转换。这种教学法提倡语言的分离，但在怎样以及何时使用哪一种语言的问题上允许有一定的弹性。

贝克（Baker，2001）也曾提出他对"预习—阅读—复习"（PVR）策略的定义。"预习"时使用少数民族语言，然后"复习"时使用主流语言。例如，使用学生的少数民族语言介绍主题以建立先前知识，使学生有一个初步的理解。然后学生使用主流语言思考主题的大量细节。这种过程也可以颠倒。这种方法通过从一种语言转换到另一种语言，提出了一种经过了扩展和加强的观念。但是贝克（Baker，p. 279）也告诫说，这种方法“有时会产生不必要的复制和低动机。”

“预习—阅读—复习”(PVR)教学法及其在双语教学中的应用

本研究所指的“预习—阅读—复习”(PVR)教学法，是指独立使用两种语言，这两种语言在使用上是平等的。“预习—复习”包括向全班或整个群体的学生介绍主题，其显著优势之一就是两种语言并不是同时使用，每一种语言都给予同等的时间(Legaretta-Marcaida，1981)。为了实现这种技术，班级被分成几个优势语言小组，使用主要语言预习内容大纲以建立背景知识。

Swaffar 等人 (1991) 指出，“预习”方法的优点是允许学生阐述关于课文的假设。预习的目的是帮助阅读者预知或有根据地推测课文里有什么内容，从而激活有效的自上而下的阅读理解过程。

在教师的支持下分享和参与，则是借鉴了维果茨基(Vygotsky,1978)的理论：儿童最好通过社会互动来进行学习。对于维果茨基(Vygotsky)的最近发展区(ZPD)概念来说，这种教师和学生之间的优质社会互动理念是有必要的。ZPD 这个术语是指，儿童可以在成人的指导下解决问题，与儿童能够独立解决同样的问题之间的距离或区域。教师的适当和优质的教学/互动，可以填补儿童的最近发展区(ZPD)的空白区域，使儿童可以解决问题或习得新知识。在“预习—阅读—复习”(PVR)教学法中，教师可以在学生的最近发展区(ZPD)搭设支架，只给予足够的背景信息和概述以使学生去理解课文并独立解决相关问题。

“预习—阅读—复习”(PVR)教学法在残疾学生双语教育中的应用

也有人提倡，将“预习—阅读—复习”(PVR)教学法作为诸如智力障碍或学习障碍的残疾英语学习者(ELLs)的策略，该策略在教学中也使用学生的母语(Roseberry-McKibbin，1995)。“预习—阅读—复习”(PVR)教学法也被视为针对残疾学生的一种调节和改造。“预习”要求学生使用其母语大概看一下要学习的内容或技能。“阅读”是指在促进理解的帮助下仔细阅读资料。“复习”则要求学生复习所教过的内容、总结、回答问题并利用或讨论资料(Roseberry-McKibbin，1995)。

使用“预习—阅读—复习”(PVR)教学法的实证研究

乌兰诺夫和璞琪(Ulanoff & Pucci,1993)曾比较过两种英语为第二语言(ESL)教学法的使用:即时翻译和“预习—阅读—复习”(PVR)教学法。60个说西班牙语(母语)的三年级学生参加了研究,这些学生都有着混合在一起的西班牙语和英语的阅读技能。他们被分为3组。第1组(16人)为控制组。第2组(21人)在教学时使用即时翻译方法。第3组(23人)在教学时使用“预习—阅读—复习”(PVR)教学法。所有学生的教师都是一样的。词汇习得的前测和后测显示,儿童在使用“预习—阅读—复习”(PVR)教学法之后,能够学习和保持更多的词汇。

“预习—阅读—复习”(PVR)教学法在聋人学生中的应用

有一种用于聋人学生的、与“预习—阅读—复习”(PVR)教学法很相似的方法,叫做美国手语概述方法(Andrews, Winograd & DeVille, 1994)。美国手语概述方法与“预习—阅读—复习”(PVR)教学法很相似,都使用“预习”和“阅读”步骤。但是,它不使用“复习”或最后步骤。例如,在美国手语概述方法中,教师会设计出一个大概的美国手语故事(与“预习”步骤很相似)。然后学生阅读英语故事(“阅读”步骤)。最后要求学生复述这个故事,并根据其复述分数和对关于故事思想的问题的理解,为其阅读理解的数量和质量评定级别。该研究显示,当在儿童的教学中使用美国手语概述方法时,他们的复述分数(一种理解测试)有所提高。

“预习—阅读—复习”(PVR)教学法由弗里曼夫妇(Freeman & Freeman,1998)等人提出,有充分的理由可以成为一个比安德鲁斯(Andrews,1996)等人的美国手语概述方法更有效的语言学习方法。通过“预习—阅读—复习”(PVR)教学法,学生能够接受到更多的内容支持。在最后一个步骤(“复习”)中,阅读者需先通过其第一语言或强势语言接收信息,再应要求复述故事。

其他阅读研究者已经发现,使用美国手语概述方法可以改善聋人学生的阅读成绩。例如,布朗、费希尔和杰纳斯(Brown,Fisher & Janus,1991)要求40名聋人成人阅读并复述故事。研究者发现,选择美国手语讲故事的人对故事的细节表达得更清楚。研究者据此得出结论,当聋人学生被允许使用美国手语读故事时,聋人学生理解英语课文的成绩最佳。

诺华(Nover)及其合作者曾经在基础教育阶段的聋人学生身上试验“预习—阅读—复习”(PVR)策略(Nover et al.，2002)。教师用美国手语展示一个主题的概要或介绍(“预习”)。“预习”步骤的目的是建立背景知识，激发兴趣，并使用美国手语教授新的概念。这个步骤也允许教师建立一个阅读目标并帮助学生集中精力阅读包含新思想的课文。也激发学生阅读第二语言的兴趣，并帮助学生对英语文章进行预测。

在第二个步骤里，学生阅读英语书籍中的课文。这是“阅读”步骤，展示的是比“预习”中更加有深度的内容。在“阅读”步骤中，学生沉浸于英语书面语内容中。这便于学生通过主题内容来习得第二语言。

在第三个步骤(“复习”)里，教师使用美国手语总结、复述或强调关键知识点。学生也要描述关键词汇和概念，提出并解答问题，概述内容，并使用其强势语言、优势语言或第一语言即美国手语来巩固其预测。

还有一种做法是，根据教师的课程目标，可以在“预习”步骤中将学生引导向第二语言(英语)，“阅读”步骤则使用其第一语言(美国手语)，“复习”步骤则使用其第二语言(英语)。

这里有一些参与了美国手语/英语双语方案的某聋校教师的案例。下面是她在科学教学上应用“预习—阅读—复习”(PVR)教学法的案例。

研究案例：教师 1

我将在学龄前儿童身上使用“预习—阅读—复习”活动的一个实例描述如下。“预习”：用美国手语(主要语言)讲绿锦鱼的故事。“阅读”：学生通过绘画叙述绿锦鱼的故事后，我在他们的画纸上用英语(第二语言为英语)写出所表达的内容。“复习”：我将他们用其主要语言(美国手语)表达的内容部分翻译成书面语。另外，我还复习故事并提出问题。

下面还有另一个教师写的关于她在聋人学生身上使用“预习—阅读—复习”(PVR)教学法的文章。

研究案例：教师 2

首先我们就如下问题展开交流：关于农场我们所知道的东西(通过美国手语)，为什么农场很重要，你希望在农场上找到什么，农业州是什么样子的，等等。接着我使用书籍的图片来介绍各种各样的农场。我们制作一个各种农场的网格图表……我在黑板上的网格图表中填写……我们主要学习乳牛场……学生学习英语单词(栓牛枷 stanchion，乳制品 dairy，脱脂 skim，乳房 udder，等等)并练习拼写这些单词……在挤奶示范之后我们用美国手语讨论我们所学到的东西……我们使用英语给带来母牛的人写感谢信……这是一个“谈论”和“书写”这件事的极佳组合。

下面还有另一个教师写的关于她在科学课堂上的聋人学生身上使用“预习—阅读—复习”(PVR)教学法的文章。

研究案例:教师 3

在科学课上,我使用美国手语预习多数主题以概述概念/内容,这种概述里面包括图片、录像、幻灯,有时还会将概念付诸实践。学生在使用英语进行阅读之前,先利用美国手语对内容有一个清晰的背景理解是很重要的……我应该在完成预习之后,使概念在学生的头脑里清晰起来。然后他们用英语书面语阅读这些概念。我还组织一些阅读英语资料的活动,这种活动包括阅读课文中的章节、阅读课文中章节的书面语概要、阅读该章节的书面语概要、回答关于该概念的书面语问题、写出一个该概念的概述等等。接下来的阅读课程则是一个美国手语概述。我最近就做了一个符合这种模式的活动。我们要学习食物链,所以我带了猫头鹰的吐弃块给全班同学观察。首先我们观看一部关于猫头鹰的电影,它们的特点以及其吐弃块是怎样形成的。看完电影后,我使用美国手语讨论的方式来对它做一个概述。我也带了猫头鹰的模型及其不同吐弃块的样本。然后,学生切开吐弃块,将他们发现的骨骼分类。所有这些预习活动之后,我们开始转向英语。全班学生阅读几个关于猫头鹰的文章,强调相关信息并将其组织成一个大纲。然后他们将关于猫头鹰的内容用书面语写下一页纸。我们还邀请一年级学生来到教室里参加这个概述活动,我的学生用美国手语解释关于猫头鹰及其吐弃块是怎样形成的。然后低年级学生和高年级学生一起讨论猫头鹰吐弃块,以及其他他们发现的东西。这种使用美国手语的概述活动使学生巩固了概念,同时还发展了学生的美国手语表达。

下面还有另一个聋人学生的教师解释她怎样在阅读课堂上使用“预习—阅读—复习”(PVR)教学法的文章。

研究案例:教师 4

在学生看到录像之前用美国手语讲故事,叙述中包括故事中的大多数重要概念。接着,我们观察一个带英语字幕的片段。然后我们使课程的重心转向用美国手语复习所提出的问题。

下面是她的学生的反馈。

我们感到惊喜……孩子们能够指出我们用美国手语解释过的内容的各个方面,还注意到更多的我们没有提到的细节……当我们请他们用美国手语复习问题时,他们表现得更加积极。他们的答案更多了,有很多他们所观察到的细节。

但是教师也不总是持积极的态度。一个教师对“预习—阅读—复习”(PVR)教学法就有如下一些看法。

研究案例：教师 5

我对章节之前的概述的想法是，我不确定学生的讨论和作业到底是不是基于我的概述。他们是不是真的靠自己阅读了这些章节？我们至少应该考虑到一件事情，那就是学生的回答可能并非来自概述。我计划去试试。

“预习—阅读—复习”(PVR)教学法的局限

研究者一致认为，“预习—阅读—复习”(PVR)教学法的局限性在于，常常会有不必要的重复，使班级教学的进程变慢。当用不同的语言复述相同的主题时，一些学生可能不会注意其第二语言或弱势语言(Baker & Jones, 1998)。不管怎样，对一些学生来说，用学生的第一语言概述概念通常是必要的，这能帮助他们掌握概念。

对于第二语言为英语的儿童来说，习得高水平的读写能力依赖于两种语言的习得。一些来自说西班牙语家庭的学生或来自非英语国家的新近移民的学生，在英语阅读理解上会体验到困难。在诸如科学内容领域的课本，他们阅读起来就更困难了。在研究者对第 3 级水平的科学课本的分析中，她发现有 6 个段落在 5 年级、6 年级、8 年级的水平(McGraw-Hill Science, 2000)。英语为第二语言(ESL)的学生显然需要一种支援课程，以帮助他们理解用英语写作的、超过他们实际阅读水平的资料。

重要发现的概述

1. 在全国的学校里，第二语言(英语)阅读者的人数都在增加。

2. 聋人和健听双语者在语言学习的途径上是相似的。

3. 聋人和健听双语者都在科学课文里努力将英语作为第二语言来学习。

4. 在科学资料阅读理解的案例中，第二语言(L2)阅读者在理解科学技术概念和词汇时有困难。

5. 我们需要增加双语教师和主要语言资料，也需要科学教学的双语言资料和媒介。

6. 双语教育理论和方法能够保证使英语(第二语言)阅读者理解科学课文。

7. 康明斯和克拉申(Cummins & Krashen)提供了一些诸如语言相互依赖理论、阈值假设和可理解性输入等等的重要理论，可以指导双语教师。

8. 双语儿童需要更多的双语理论。他们需要大量语言使用者、受过双语教学法训练的教师，以及主要语言制作的书籍和媒介、双语言资料等等。

9.“预习—阅读—复习”(PVR)教学法可以作为双语教育教学法解决方案之一。

10.“预习—阅读—复习”(PVR)教学法是一个重要的用两种语言建立概念的策略，它使用第一语言建立概念，使用第二语言阅读书面语，再用第一语言进行讨论。这三个步骤使用两种语言建立概念和技能。

11.本章节描述了“预习—阅读—复习”(PVR)教学法应用于普通教育、双语教育、特殊教育和聋教育的历史。

基于这个文献综述，本研究实证检验了“预习—阅读—复习”(PVR)教学法在使用美国手语/英语的聋人双语阅读者和使用西班牙语/英语的墨西哥裔美籍健听双语阅读者身上的应用。

研究问题

列出研究问题如下。

1.在阅读和讨论科学课文时，“预习—阅读—复习”(PVR)教学法能否增加双语学生的复述分数？

2.在阅读和讨论科学课文时，“预习—阅读—复习”(PVR)教学法能否提高双语学生复述的质量？

提供一些诸如“预习—阅读—复习”教学法的额外支持，会增加学生的复述分数，这是很好的情况。另外，若要求学生理解问题，接近他们的课文里一些不直接表达的观念的理解，研究者就会更加确定这种教学法能否帮助阅读者理解推论性回答。由此出现第三个研究问题。

3.“预习—阅读—复习”(PVR)教学法能否帮助阅读者回答科学课文里的推论性问题(不直接出现在科学课文或美国手语/西班牙语“预习”和“复习”里)？

第三章 方法

本研究以使用美国自然手语(以下简称 ASL)/英语的聋人双语学生和使用西班牙语/英语的墨西哥裔美籍健听双语学生为被试,研究了“预习—阅读—复习”(PVR)策略在双语学生理解科学内容时所起的作用。这一部分将介绍研究者的背景以及研究方法,包括使用的材料、研究程序、测量和数据分析。

研究者和研究助手

为了指导和完善研究,招聘了一组使用双语的聋人和健听人助手,其中包括 9 名母语是美国自然手语(ASL)的聋人和 8 名母语是自然西班牙语的健听人。研究的主持人是一名能熟练运用中国自然手语(CSL)和美国自然手语(ASL)的聋人。在设计实验程序过程中有两名研究助手帮助她,一名助手是位具有 4 年教学经验的先天聋人,另一位是具有 5 年教学经验、母语是西班牙语的健听人教师。

过去在考察英语阅读能力时,聋或健听的双语学生通常要与母语是英语的单语听人学生进行对比,这是不公平的。单语健听人学生比聋或健听的双语学生能接触到更多的英语口语和书面语。所以在小学阶段双语儿童的阅读理解成绩明显不如单语健听人学生(Cummins,2000; Nover et al.,2002)。为了避免这种常见的问题,本研究以成年聋人研究生为参照组,把他们的复述情况和对推理问题的回答情况与聋童对比。同时用 7 名母语是西班牙语的成人研究生与双语健听人学生对比。这样就能把聋生和健听人双语学生的情况与那些和他们使用同种母语的成人的情况做比较,从而可以更客观地了解小学阶段双语者的阅读理解情况。

被试

两组小学生参与了测试。12 名聋生来自塔拉迪加的阿拉巴马聋校。这所寄宿制的聋校有近250名聋生。学校实行美国手语/英语双语教学，教师使用美国手语（ASL）教学生学习第二语言——英语。大多数教职员工和行政人员接受过双语教学法的培训，30%的教职员工是聋人。

聋生被试中有11位来自健听人家庭。通过与教师和学生的访谈发现，美国手语（ASL）是他们的主要用语，英语是他们的第二语言。同时研究者收集了聋生的背景情况，如种族、年龄、性别、听力损失程度、听力损失发生的年龄、使用美国手语（ASL）的时间、智商、所在年级、父母的听力状况以及入学年限等。之后根据他们的背景情况分析了被试复述情况。

另一组被试由12名美籍墨西哥裔的健听双语学生组成，他们的母语是西班牙语，这些学生来自得克萨斯州博蒙特市的弗莱彻小学，这所小学是一所双语学校，接受博蒙特自治学区的管辖。据2002年统计显示，博蒙特市共有113 866人口，其中7.9%是西班牙后裔。（http//:Beaumont. yptexas. com/domographics. html）。弗莱彻小学有512名学生。人种划分如下：墨西哥裔占74.4%，黑人占21.4%，白人占1.1%，亚洲裔学生为3.0%（学区数据：http//:www. Beaumont. k12. tx. us/Fletcher/our%20shool. htm）。学校为双语学生提供两种教学方案。一种是双语教学方案，另一种是英语作为第二语言（ESL）的教学方案。在学前至5年级阶段弗莱彻学校有6个班级实行双语教学，其他班级实行英语作为第二语言的教学方案。学校一半的教师具备教授第二语言——英语的资格。英语作为第二语言的教学方案并不是一个隔离的方案，学生在主流群体中学习，具有资格的以英文作为第二语言（ESL）的教师根据学生需要在主流班级中进行指导和组织团体活动。

弗莱彻学校中执行双语教学方案的教师按照得克萨斯州教育署制定的得克萨斯州基本知识与技能（TEKS）大纲进行教学。教学目标用西班牙语书写，得克萨斯州基本知识与技能（TEKS）大纲则用英文书写。教师是双语使用者，并且具有双语学位或具备接受双语教育的经历。他们负责翻译得克萨斯州教育署的大纲，同时也要发展西班牙语教学材料以补充市面出售的西班牙语教材的不足。学校提供用西班牙语书写的教科书。学生每6个星期用西班牙语进行一次测试。在双语教学方案中，教师主要使用西班牙语进行学科教学。如果双语班的学生通过英语口语水平测验，他们可以进入实行英语作为第二语言（ESL）教学方案的班级。

在英语作为第二语言的教学班中教师用英语进行教学。教师使用英语并可能不懂西班牙语。教师所教课程与常规班级相同，不过教学进度慢一些，以便教师有更多的时间来进行教学。如果这个班级的学生达到了一定的测试水平，他们就可以转到常规班级。

通过与教师的访谈，研究者认为这12名被试的第一语言和主要语言是西班牙语，英语是他们的第二语言。

本研究把被试的语言学习背景作为自变量，把被试在特定科学内容测试中的复述成绩和回答推理性问题的成绩作为因变量，以此对双语群体间（聋生与健听学生）和群体内的情况进行了比较研究。

实验材料

6篇实验材料都选自目前得克萨斯州三年级小学生使用的科学教材（McGraw-Hill，2000）。每篇材料长度为1页到1页半之间，字数少于200字，并且每篇配1到3幅插图。表格1呈现了各材料的题目以及通过弗莱士—金凯可读性程式计算得出的阅读等级。

表格1 实验中所用科学文章及通过电脑可读性程序计算出的每篇文章相应的可读性水平

科学文章（McGraw-Hill Science，2000）	运用可读性程序计算出的可读性水平
1.氦气有什么用处？	8.8
2.什么是流星？	6.3
3.约翰逊太空中心发生着什么？	6.1
4.什么是辨别生物的第三种方法？	5.8
5.什么是失重？	6.6
6.南帕德雷岛和大转弯国家公园的地貌是什么样的？	5.5

需要指出的是通过可读性程序计算，材料的阅读难度显著高于被试的阅读水平。也就是说如果没有老师的帮助，这24名双语被试能否独立完成阅读任务是值得怀疑的。附录A呈现6篇实验材料的具体内容。

收集好实验材料后，请一位母语是手语的聋人把每一篇科学文章译成美国手语（ASL），同时请母语是西班牙语的健听人把每篇文章翻译成西班牙口语，最后制作成包含每篇科学课文的美国手语版的和西班牙语版的光盘DVD。

“预习—阅读—复习”（PVR）技术由弗里曼夫妇（2000年）发展而来。在预习阶段，教师用美国手语（ASL）或西班牙口语对科学文章的要点做出简短的概述。在阅读阶段，学生阅读英文版的科学文章。在复习阶段，学生与母语是美国手语（ASL）的聋人或母语是西班牙语的健听人教师进行互动。复习阶段，研究助手与被试之间通过提问—回答的对话方式进行互动,研究助手借此了解被试对材料内容的理解程度,见表格 2。

表格 2 “预习—阅读—复习”(PVR)方法(弗里曼夫妇,2000 年)

预习	第一语言(美国手语 ASL 或西班牙语)	教师使用学生的第一语言(美国手语 ASL 或西班牙语)对科学文章的要点进行概述。
阅读	第二语言(英语)	学生阅读英文版的科学文章。
复习	第一语言(美国手语 ASL 或西班牙语)	教师运用学生的第一语言(美国手语 ASL 或西班牙语),通过鼓励学生讨论材料内容的方式总结要点,检查学生的理解情况,并查缺补漏。

实验程序

所有聋生和健听学生阅读全部 6 篇科学文章。阅读的第 1、2、4、6 篇科学文章仅呈现英文版的书面材料,第 3、5 篇材料配有预习和复习(此时运用的语言是美国手语 ASL 或西班牙口语)。考虑到内容的难度,研究者对科学文章做了平衡对抗处理。附录 B 呈现了材料平衡对抗处理的情况。

研究者和研究助手单独约见每个被试,每次约见的时间为 30—45 分钟。在这段时间内被试阅读 6 篇科学文章。表格 3 呈现了文章出现的顺序及所做的处理。

表格 3 科学文章呈现的顺序及所做的处理

材料 1	材料 2	材料 3	材料 4	材料 5	材料 6
只阅读 * 复述 * 回答推理性问题	只阅读 * 复述 * 回答推理性问题	PVR * 复述 * 回答推理性问题	只阅读 * 复述 * 回答推理性问题	PVR * 复述 * 回答推理性问题	只阅读 * 复述 * 回答推理性问题

读完每篇材料后,被试要告诉研究者他/她从中学到了什么。如果被试出现了停顿,研究者就会提一个问题以此进行探查。当被试复述完所阅读的内容后,研究者会问他/她一个推论性的问题。这个问题的答案隐含在文章中,并不能在材料里或研究助手的预示和回顾阶段找到直接的答案。推论性问题是对被试理解情况的真正测试,他必须读出字里行间隐含的内容,也可以利用背景知识帮助自己从而找

到正确的答案。

被试复述和回答推理性问题的过程被摄录了下来。记录 12 位聋生被试回答过程的录像由一位精通美国手语(ASL)的聋人进行转录。记录 12 位听人学生回答情况的录像由两位精通西班牙语但不参与研究的健听人进行转录。

录像与转录的信度

把全部 24 份录像资料中的 30%的录像资料交给两位独立的转录者观看。由他们对照初始的美国手语(ASL)和西班牙语译文进行核查。用以下公式计算转录者内部一致性:一致/(一致+不一致)×100%(Tawney & Gast,1984)。计算结果为美国手语(ASL)部分转录者的内部一致性信度是 60%,西班牙语部分是 80%。

复述部分的检测

本研究运用检测阅读理解能力的停顿单元阅读研究技术(Searfoss & Readence,1985)检测了被试阅读理解 5 个方面的情况,以下是因变量:

1. 学生复述停顿单元的数量。
2. 经过加重处理的复述停顿单元数量。
3. 复述停顿单元的质量。
4. 经过加重处理的复述停顿单元质量。
5. 对科学文章推理性问题的回答。

评分

把聋人双语(美国手语 ASL/英语)被试和健听人双语(西班牙语/英语)被试的录像内容转录成英语书面语,然后对两组被试的复述情况和回答推理性问题的情况进行对比。

复述评分

运用停顿单元对被试的复述情况进行评分。一个停顿单元就是一个短语停顿的计量单位。流利的读者在阅读句子时会自然出现短语停顿。先让3位健听人读者独立阅读6篇科学文章，用“/”给每篇文章标识停顿单元，然后三个人进行讨论达成一致（至少其中的两人达成一致），以此确定停顿单元的划分标准。

划分好停顿单元后，7名说西班牙语的成年健听人阅读这6篇科学文章，进行复述及回答推理性问题，以他们的回答为标准，对小学阶段美籍墨西哥裔健听人双语（西班牙语/英语）学生的表现进行评分和解释评分。

7位母语为手语的成年聋人也阅读同样的文章，进行复述并回答推理性问题，以他们的回答为标准，对小学阶段双语（美国手语 ASL/英语）聋生的表现进行评分和解释评分。

所有被试用手语或西班牙语进行回答的情况都被摄录下来，并转译为英语，以便进一步分析。

将聋、健听成人及聋、健听被试的反应情况转译为英文书面语，然后在记分栏中进行对比，检查被试与成人反应的匹配程度。

例如，如果被试复述的某个停顿单元与成人读者复述的意思相似，就得3分，相似度一般得2分，不相似则得1分。

运用这些工具，研究者测量了被试阅读理解5个方面的情况。第一个方面只是简单记下被试复述了几个停顿单元，即复述停顿单元数量。以“氦气有什么用处？”一文为例。通过计算发现熟练的读者在阅读该文时会有11个停顿单元或语法停顿。以下是简单的语法停顿示例：氦气是具有许多用途的自然资源。/自然资源是指地球上的天然原料，/它对人们来说是必需的或是有用的。如果一个双语被试复述出了11个停顿单元中的5个，他在该项中的得分就是5分。

第二方面是“经过加权处理的复述停顿单元数量”。计算被试复述的各停顿单元与标准答案的近似度，然后相加就能得到被试在该项的得分。前面介绍过成人读者复述材料的情况已经被录制下来，把他们复述的情况与被试复述的情况进行对比。如果被试复述的停顿单元与成人读者的相似，被试就会得3分，如果相似度一般就得2分，不相似得1分。也就是说将被试的复述情况与成人读者的情况进行比较，得到每个停顿单元的记分，再相加，就得到被试在“经过加权处理的复述停顿单元数量”一项的得分。例如，把一位聋生被试的复述情况与成年聋人的情况进行比较，第一个停顿单元两者复述的相似度为中等，所以被试得了 2 分，第二个停顿单元两者相似度较高，所以得 3 分。因此该被试在“氦气”一文中“经过加权处理的复述停顿单元数量”一项中的得分为 9 分。

第三个方面是“复述停顿单元的质量”。同样把精通美国手语 ASL 的聋人和精通西班牙语的健听人读者的反应作为标准。随机在拉玛大学选取了 7 名精通美国手语 ASL 的聋人研究生和 7 名精通西班牙语读写的健听人研究生，请他们在阅读 6 篇实验材料后进行复述，并回答推理性问题。对这 14 位成人读者在停顿单元方面的表现进行计分，并计算出概率。例如，如果一篇文章有 17 个停顿单元，5 位研究生复述出了第一个停顿单元，这 5 人占整体人数(7)的比率为 5/7 或 0.71。所以，该文中第一个停顿单元被赋值为 0.71。以此类推，给所有的停顿单元赋值。这样就计算出了“复述停顿单元的质量”。例如，被试复述了“氦气”一文中的第一个停顿单元（从大学生的复述结果中得出该停顿单元的赋值为 0.86），第二个停顿单元(0.86)，第三个停顿单元(0.86)，第四个停顿单元(0.86)。最后总成绩为 2.58。这就是在“氦气”一文中该被试复述的质量。

第四个方面是“经过加权处理的复述停顿单元的质量”。在这部分，先从聋、健听大学生复述中得出停顿单元质量值，再算出被试复述的停顿单元与标准的相似度值，然后两者相乘。例如一位聋人双语被试复述了第一个停顿单元(0.86)，他的复述与标准很相似（得 3 分）。所以我们用 3 乘以 0.86 得出第一个停顿单元的分值，以此类推得出被试所有停顿单元在该项的得分，最后相加，总计为 6.02。这就是该聋人双语被试在“氦气”一文中“经过加权处理的停顿单元复述质量”。

第五个方面是根据每一篇科学文章的内容提出一个推理性问题。像上面所提到的那样，问题的答案无法在文中明确地找到，也不会在“预习—阅读—复习”(PVR)的预习和复习阶段提及。如果被试的答案与成人读者提供的正确答案很相似，就会得 3 分，如果相似度为中等得 2 分，如果不相似则得 1 分。例如以下为“氦气”一文中的推理性问题：你能想到其他可能用氦气充气的气球吗？一个成年聋人的回答是：“派对用的气球”，一个聋生双语被试的回答是：“能带人飞的大气球”（热气球）。他得了 3 分，因为他的回答证明他理解了问题并能做出正确的反应。这个分数就是他在“氦气”一文中推理性问题的得分。

记分的评价者内部一致性

请两位独立的评价者评价 30％的记分，以此计算评分者内部一致性。运用前面所提及的公式计算得分,最后得出美国手语 ASL 复述的评价者内部一致性为 88%,西班牙语复述的评价者内部一致性为 92%。

数据分析

计算出 5 组数据的平均数和标准差,通过 5 项混合设计的方差分析比较两个群体的差异。

第四章　结果

本研究以美国手语ASL/英语双语聋生以及美籍墨西哥裔的西班牙语/英语双语健听人学生为对象，调查了两类被试在阅读理解过程中使用双语策略“预习—阅读—复习”(PVR)的情况与效果。研究者运用了5项混合设计(ANOVA)的方差分析对两个群体进行了比较。数据运用SPSS进行处理，计算出统计数据的平均数和标准差。课题假设在复述和回答推理性问题方面，运用PVR策略与单独阅读英文相比能取得更好的成绩。

美国手语ASL/英语聋双语被试的基本情况

塔拉迪加的阿拉巴马州聋校3年级有12位聋生参与实验，他们的年龄为9到11岁，其中一半是女生。大多数聋生是非洲裔的美国人(83.3%)。先天性耳聋、重度耳聋的学生占多数。多数学生(7=58.3%)使用美国手语ASL的时间为3—5年，2名学生(16.7%)使用美国手语ASL的时间为0—2年。半数的学生(6人=50%)在阿拉巴马州聋校学习了4—5年，有1名学生(8.3%)在该校学习了2—3年。2名学生的阅读水平高于2.0，其他10名学生(83.3%)的阅读水平则低于2.0。相当一部分学生(5=41.7%)能正确辨识Dolch词语表中200个以上的词语。1名学生(8.3%)掌握的词汇在1—49个之间。6名学生(50%)在“聋和重听儿童早期阅读能力测验”(TERA-DHH，1991)中的得分低于平均值，5名学生(41.7%)的智商低于平均值，3名学生(25.0%)的智商高于平均值。11名学生(91.7%)的父母是健听人，另外1名学生(8.3%)的父母是聋人。10名学生(83.3%)的家庭用语是英语，1名学生(8.3%)的家庭用语是美国手语ASL，1名(8.3%)的家庭用语是西班牙语。11名学生(91.7%)出生于美国，另外1名学生(8.3%)出生于墨西哥。见表格4。

表格 4　聋生被试的基本情况(人数 $n=12$)

变量	分类	人数	百分比(%)
年龄	9	6	50.0
	10	4	33.3
	11	2	16.7
性别	男	6	50.0
	女	6	50.0
种族背景	非洲裔美国人	10	83.3
	高加索人	1	8.3
	墨西哥裔美国人	1	8.3
听力损失—分贝 db(左耳)	50—79(中度)	2	16.7
	80—99(重度)	4	33.3
	100—119(极重度)	6	50.0
听力损失—分贝 db(右耳)	50—79(中度)	3	25.0
	80—99(重度)	2	16.7
	100—119(极重度)	7	58.3
耳聋发生年龄	出生	5	41.7
	1—11 个月	2	16.7
	1 岁	3	25.0
	2 岁	2	16.7
使用美国手语 ASL 的年限	0—2	2	16.7
	3—5	7	58.3
	6—9	3	25.0
在阿拉巴马州聋校接受教育的年限	0—1	3	25.0
	2—3	1	8.3
	4—5	6	50.0
	6—7	2	16.7
阅读水平(速读)	0.1—0.9	5	41.7

	1.0—1.9	5	41.7
	2.0—2.9	2	16.7
已掌握词汇	1—49	1	8.3
	50—99	3	25.0
	150—199	3	25.0
	200以上	5	41.7
聋和重听儿童早期阅读能力测验	高于平均成绩	3	25.0
	低于平均成绩	6	50.0
	极差	3	25.0
智商(WISC-Ⅲ)	100—114(高于平均水平)	3	25.0
	85—99(低于平均水平)	4	33.3
	84以下	5	41.7
父母的听力状况	健听人	11	91.7
	聋人	1	8.3
家庭用语	英语	10	83.3
	美国手语 ASL	1	8.3
	西班牙语	1	8.3
出生地	美国	11	91.7
	墨西哥	1	8.3

西班牙语/英语健听人双语被试的基本情况

6名健听人被试就读于弗莱彻小学3年级，另外6名就读于该校4年级。被试的年龄在8到11岁之间，其中一半被试(6=50%)的年龄为9岁，1名学生(8.3%)的年龄为11岁。12名被试中有8位(66.7%)男生，4位(33.3%)女生。大多数学生(7=58.3%)在该校学习了4—5年。6名学生(50.0%)达到了“得克萨斯州知识与技能评估”(TAKS)的3年级阅读水平,6名学生(50.0%)参加了Logramos① 西班牙语语言测试。4名学生通过了得克萨斯州知识与技能评估(TAKS)3年级西班牙语版阅读水平测试,8名学生通过了英语版的测试。4名学生(33.3%)在双语班中学习,8名学生(66.7%)在英语作为第二语言(ESL)的班级学习。12名被试(100%)的家庭用语是西班牙语。9人(75.0%)出生于墨西哥,另3名学生(25.0%)出生于美国。相当一部分学生(5=41.7%)在美国生活了4—6年,还有3人(25.0%)在美国生活了7—9年。见表格5。

表格5　墨西哥裔美国健听人被试的基本情况(人数 $n=12$)

变量	分类	人数	百分比(%)
年级	3	6	50.0
	4	6	50.0
年龄	8	4	33.3
	9	6	50.0
	10	1	8.3
	11	1	8.3
性别	男	8	66.7
	女	4	33.3
种族背景	西班牙裔	12	100.0
入学年限	2—3年	5	41.7
	4—5年	7	58.3
阅读水平	通过得克萨斯州知识技能测试TAKS 3年级测试	6	50.0
	西班牙语语言测试Logramos成绩低于8.0	4	33.3

① Logramos是一个西班牙语版的词汇、阅读、数学和语言能力测试。该测试类似于爱荷华基本能力测试。Logramos在学前至6年级阶段进行。和西班牙语版的TAKS一样,Logramos通常是为那些被当地语言水平评估委员会(LEP)认定为“英语熟练度有限”的学生准备的。

	西班牙语语言测试Logramos成绩高于8.0	2	16.7
阅读测试种类	通过得克萨斯州知识技能测试TAKS 3年级测试(西班牙文版)	4	33.3
	通过得克萨斯州知识技能测试TAKS 3年级测试(英文版)	8	66.7
教育安置	在双语班上学	4	33.3
	在作为第二语言的英语班上学	8	66.7
家庭用语	西班牙语	12	100.0
出生地	美国	3	25.0
	墨西哥	9	75.0
在美居住年限	1—3	4	33.3
	4—6	5	41.7
	7—9	3	25.0

图表3、图表4呈现了聋生被试和墨西哥裔被试阅读理解5方面的表现。这5方面分别为:1.复述停顿单元数量;2.经过加权处理的复述停顿单元数量;3.复述停顿单元质量;4.经过加权处理的复述停顿单元质量;5.推理性问题。

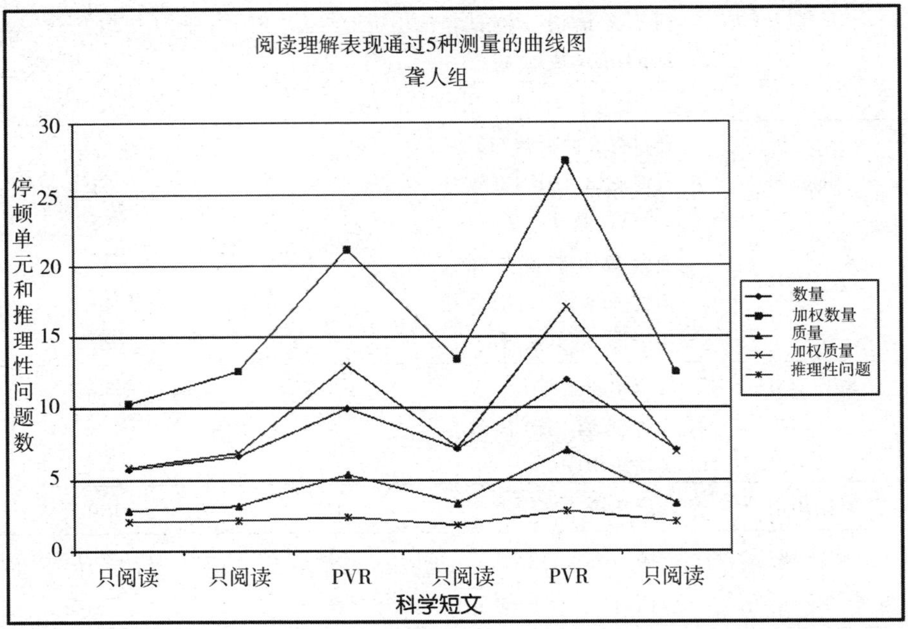

图表 3　聋生被试阅读理解 5 方面的表现

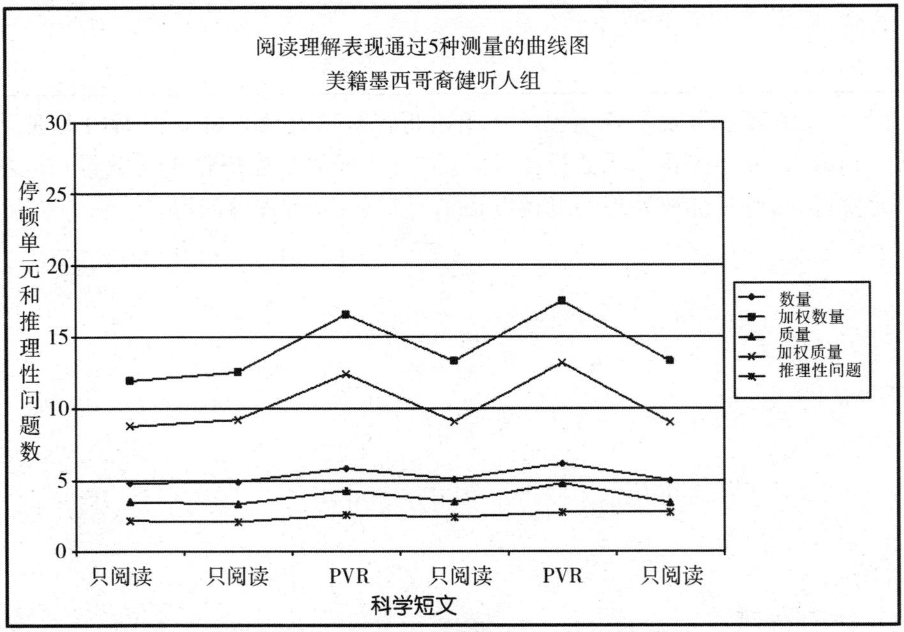

图表 4　美籍墨西哥裔健听人被试阅读理解 5 方面的表现

第一个研究的问题

第一个问题研究的是“预习—阅读—复习”(PVR)技术能否在双语学生阅读科学类文章时帮助他们进行更多的复述。复述停顿单元数量的平均值和标准差显示，聋生被试的成绩稍高于美籍墨西哥裔被试。聋生接受“预习—阅读—复习”(PVR)策略帮助后的表现(平均分 $M=10.00$;平均分 $M=12.00$)优于仅仅阅读英文材料后的表现(平均分 $M=5.75$;平均分 $M=6.67$;平均分 $M=7.17$;平均分 $M=7.08$)。美籍墨西哥裔健听人被试接受“预习—阅读—复习”(*PVR*)策略帮助后的表现($M=5.83$;$M=6.17$)也优于只读英文材料后的表现($M=4.83$;$M=4.92$;$M=5.05$;$M=5.00$)。阅读者主效应显著:$F(1,22)=16.92, p<0.05$。科学文章主效应也显著:$F(1,22)=17.39, p<0.05$。阅读者与科学文章交互作用显著:$F(1,22)=6.78, p<0.05$。表格 6、表格 7 呈现了两组被试在该项的平均分、标准差和组内—组间混合设计的方差分析结果。

表格 6　两组被试(人数 $n=24$)复述停顿单元数量得分的平均数和标准差

	聋生被试		墨西哥裔美国健听人被试	
	平均数	标准差	平均数	标准差
科学文章 1	5.75	2.05	4.83	1.40
科学文章 2	6.67	1.93	4.92	1.11
科学文章 3	10.00	2.24	5.83	2.91
科学文章 4	7.17	2.61	5.08	1.50
科学文章 5	12.00	3.11	6.17	2.07
科学文章 6	7.08	2.78	5.00	1.58

表格 7　复述停顿单元数量的方差分析表

变异源	平方和	自由度(df)	均方	*F*
阅读者(A)	283.36	1	283.36	16.92*
组间	368.39	22	16.75	

科学文章(B)	257.58	1	357.58	17.39 *
A×B	100.47	1	100.47	6.78 *
组内	325.94	22	14.82	
总和	1335.74	47		

* $p<0.05$

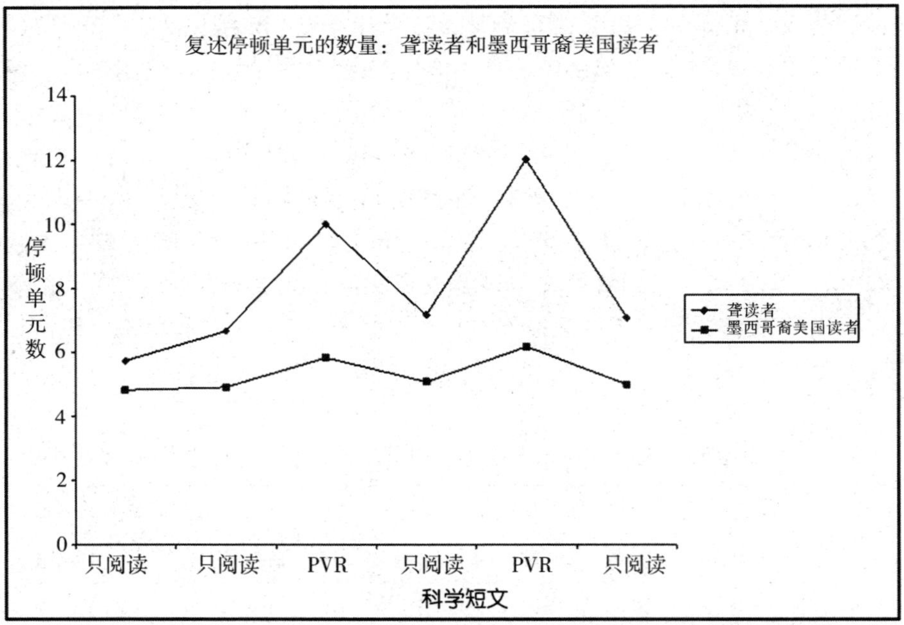

图表 5　显示两组被试在复述停顿单元方面互动关系的平均数线形图

在经过加权处理的复述停顿单元数量方面，聋生被试接受“预习—阅读—复习”(PVR)策略帮助后的成绩($M=21.17$;$M=27.25$)高于只读英文材料后的成绩($M=10.33$;$M=12.58$;$M=13.42$;$M=12.50$)。墨西哥裔美国健听人被试经过“预习—阅读—复习”(PVR)策略帮助后的成绩($M=16.58$;$M=17.50$)也高于只读英文材料后的成绩($M=12.00$;$M=12.58$;$M=13.33$;$M=13.33$)。

被试主效应不显著，科学文章主效应显著：$F(1,22)=28.14$，$p<0.05$，被试与科学文章之间的交互作用显著：$F(1,22)=6.98$，$p<0.05$。表格 8、表格 9 呈现了两组被试在该项的平均分、标准差和组内—组间混合设计的方差分析结果。

表格 8 两组被试(人数 $n=24$)经过加权处理的复述停顿单元数量得分的平均数和标准差

	聋生被试		墨西哥裔美国健听人被试	
	平均数	标准差	平均数	标准差
科学文章 1	10.33	4.33	12.00	4.10
科学文章 2	12.58	3.38	12.58	4.48
科学文章 3	21.17	4.22	16.58	8.80
科学文章 4	13.42	4.35	13.33	4.29
科学文章 5	27.25	7.85	17.50	6.36
科学文章 6	12.50	5.17	13.33	4.87

表格 9 经过加权处理的复述停顿单元数量的方差分析表

变异源	平方和	自由度(df)	均方	F
阅读者(A)	142.01	1	142.01	1.30
组间	2412.15	22	109.64	
科学文章(B)	2319.45	1	2319.45	28.14 *
A×B	575.29	1	575.29	6.98 *
组内	1813.43	22	82.43	
总和	7262.33	47		

* $p<0.05$

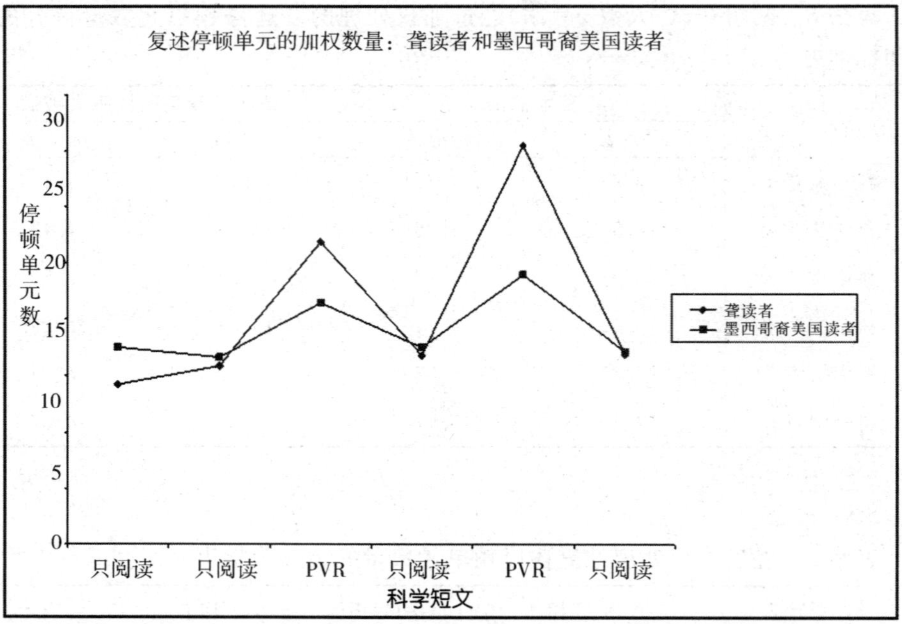

图表 6　显示两组被试在经过加权处理的复述停顿单元数量方面互动关系的平均数线形图

第二个研究的问题

第二个问题研究的是“预习—阅读—复习”(PVR)技术能否在双语学生阅读科学类文章时帮助他们提高复述的质量。数据显示聋生被试接受“预习—阅读—复习”(PVR)辅助后的成绩($M=5.37$;$M=7.09$)高于只读英文材料后的成绩($M=2.85$;$M=3.18$;$M=3.36$;$M=3.37$)。墨西哥裔美国健听人被试经过预习－阅读—复习(PVR)策略帮助后的成绩(M=4.29;M=4.79)也高于只读英文材料后的成绩($M=3.50$;$M=3.33$;$M=3.50$;$M=3.43$)。在同样接受“预习—阅读—复习”(PVR)策略帮助的情况下，聋生被试在该项的得分高于健听人被试，而在只读英文材料的情况下，健听人被试的成绩高于聋生被试。科学文章的主效应显著：$F(1,22)=16.33$，$p<0.05$。被试主效应不显著，被试与科学文章之间的交互作用也不显著。表格 10、11 呈现了两组被试在该项的平均分、标准差和组间—组内混合设计的方差分析情况。

表格 10 两组被试(人数 $n=24$)复述停顿单元质量得分的平均数和标准差

	聋生被试		墨西哥裔美国健听人被试	
	平均数	标准差	平均数	标准差
科学文章 1	2.85	1.94	3.50	1.14
科学文章 2	3.18	1.53	3.33	1.16
科学文章 3	5.37	1.12	4.29	2.16
科学文章 4	3.36	1.30	3.50	1.15
科学文章 5	7.09	2.40	4.79	1.83
科学文章 6	3.37	1.90	3.43	1.54

表格 11 复述停顿单元质量的方差分析表

变异源	平方和	自由度(df)	均方	*F*
阅读者(A)	5.64	1	5.64	0.66
组间	187.73	22	8.53	
科学文章(B)	152.69	1	152.69	16.33 *
A×B	35.99	1	35.99	3.85
组内	205.73	22	9.35	
总和	587.78	47		

* $p<0.05$

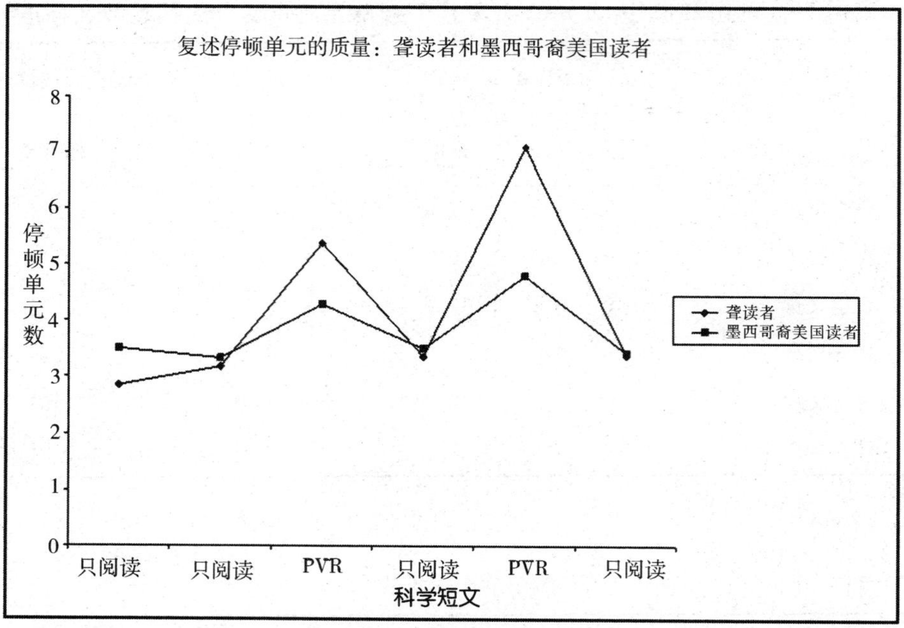

图表 7　显示两组被试在复述停顿单元质量方面互动关系的平均数线形图

在经过加权处理的复述停顿单元质量方面，使用“预习—阅读—复习”(PVR)策略后聋生被试的成绩(M=12.98;M=17.13)高于只读英文材料后的成绩(M=5.87;M=6.91;M=7.28;M=6.94)。墨西哥裔美国健听人被试使用“预习—阅读—复习”(PVR)策略后的成绩(M=12.48;M=13.23)也高于只读英文材料后的成绩(M=8.79;M=9.28;M=9.11;M=9.08)。科学文章的主效应显著：$F(1,22)=21.24, p<0.05$。被试主效应和被试与科学文章的交互作用不显著。表格 12、13 呈现了两组被试在该项的平均分、标准差和组间—组内混合设计的方差分析情况。

表格 12 两组被试(人数 $n=24$)在经过加权处理的复述停顿单元质量方面得分的平均数和标准差

	聋生被试		墨西哥裔美国健听人被试	
	平均数	标准差	平均数	标准差
科学文章 1	5.87	4.44	8.79	3.10
科学文章 2	6.91	3.15	9.28	3.84
科学文章 3	12.98	3.56	12.48	6.55
科学文章 4	7.28	3.13	9.11	3.16
科学文章 5	17.13	6.38	13.23	5.23
科学文章 6	6.94	3.91	9.08	4.21

表格 13 经过加权处理的复述停顿单元质量的方差分析表

变异源	平方和	自由度(df)	均方	F
阅读者(A)	23.65	1	23.65	0.355
组间	1467.05	22	66.68	
科学文章(B)	1252.67	1	1252.67	21.24 *
A×B	202.05	1	202.05	3.426
组内	1297.50	22	58.98	
总和	4242.92	47		

* $p<0.05$

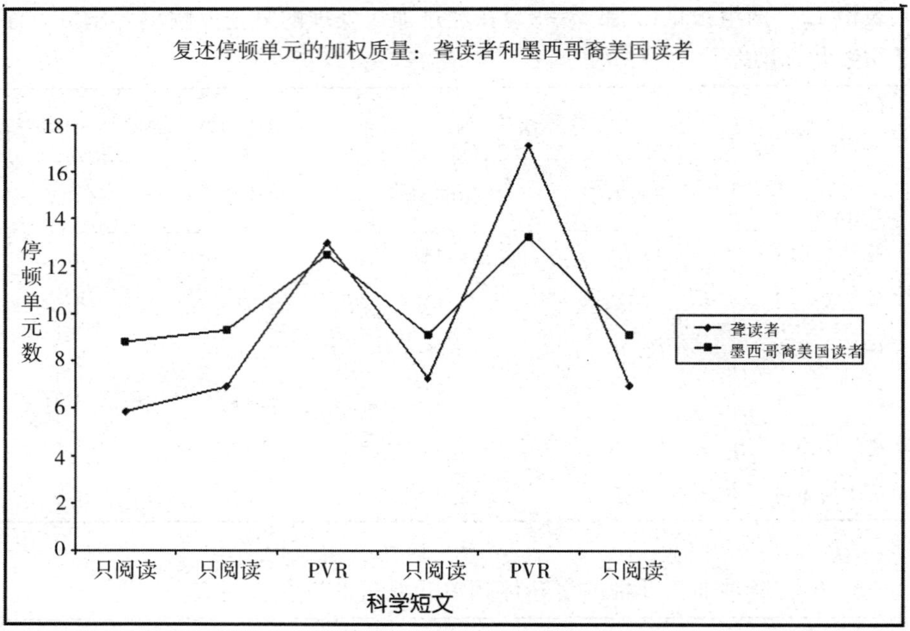

图表 8　显示两组被试在经过加权处理的复述停顿单元质量方面互动关系的平均数线形图

第三个研究的问题

第三问题是研究“预习—阅读—复习”(PVR)技术能否帮助阅读者就科学文章的内容回答推理性的问题。统计结果显示被试主效应和科学文章主效应都不显著，两因素之间也不存在交互作用。表格 14、15 呈现了两组被试在该项的平均分、标准差和组间—组内混合设计的方差分析情况。

表格 14　两组被试(人数 $n=24$)在推理性问题方面得分的平均数和标准差

	聋生被试		墨西哥裔美国健听人被试	
	平均数	标准差	平均数	标准差
科学文章 1	2.08	0.90	2.17	0.84
科学文章 2	2.17	0.84	2.08	0.90

科学文章 3	2.42	0.90	2.58	0.67
科学文章 4	1.83	0.94	2.42	0.79
科学文章 5	2.83	0.58	2.75	0.62
科学文章 6	2.08	0.99	2.75	0.62

表格 15　推理性问题的方差分析表

变异源	平方和	自由度(df)	均方	*F*
阅读者(A)	1.78	1	1.78	2.32
组间	16.86	22	0.77	
科学文章(B)	8.97	1	8.97	2.83
A×B	3.22	1	3.22	1.02
组内	69.81	22	3.17	
总和	100.64	47		

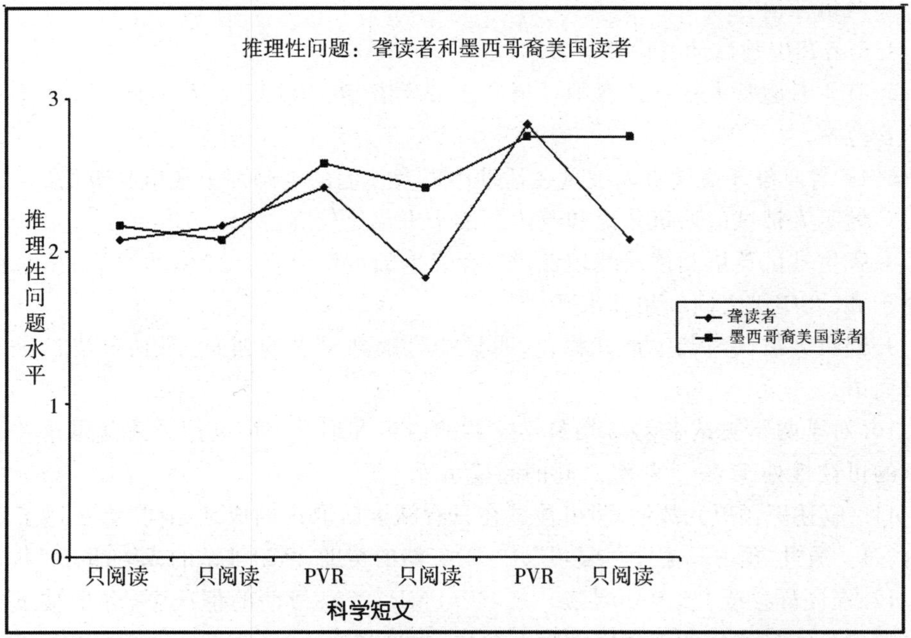

图表 9　显示两组被试在推理性问题方面存在交互作用的平均数线形图

结果

1. 总体上看两组被试的复述得分都很低。不论是否接受了“预习—阅读—复习”(PVR)策略的帮助，他们在筛选、逻辑性组织、排序、复述内容方面都存在困难。尽管在运用“预习—阅读—复习”(PVR)策略后两组被试的复述成绩有所提高，但他们的复述仍然不丰富。

2. 12 位聋生被试在美国手语 ASL 和英文阅读理解方面的语言背景是贫乏的。大多数聋生被试(9 人)接触美国手语 ASL 的时间为 5 年或 5 年以下。除了一位父母是聋人的被试外，其他聋生被试的家庭用语都是英语，可是因为被试存在听力障碍，这些语言对他们来说是无法接收的。只有 4 名聋生被试接受过早期干预。由于住地附近无法提供家长——幼儿美国手语 ASL 培训，这 4 名被试接受的早期干预更类似于听觉——口语训练。因此所有聋生被试早期都缺乏与美国手语 ASL 以及可理解的英语的接触。

3. 相反 12 名墨西哥裔美国健听人学生在早期就充分地接触到了他们的家庭用语——西班牙语。

4. 5 名聋生被试的智商低于 84。

5. 有 4 名健听人被试的教师是精通西班牙语/英语的双语者，因此这 4 人具有成人语言范本。

6. 12 名西班牙裔健听人被试在活动中以及他们的老师那里接触到英语。

7. 健听人被试的西班牙语和英语阅读水平都比较高。

8. 聋生被试英语阅读成绩较低，10 名聋生的成绩低于 2 年级水平，另两位的成绩介于 2—3 年级之间的阅读水平。

9. 健听人被试与聋生被试相比，明显能接触到更多的西班牙语、英语口语和英语书面语。

10. 对于两组被试来说，6 篇科学文章的内容太难了。可读性公式显示这些科学文章的可读性处于 5—8 年级之间的阅读水平。

11. (复述停顿单元数量)两组被试在只有阅读后取得的成绩相同(都复述了 5—8 项内容)。通过“预习—阅读—复习”(PVR)策略的帮助，两组被试的成绩都有了提高。

12. 在同样接受“预习—阅读—复习”(PVR)策略帮助的情况下，聋生被试在复述停顿单元数量方面的表现优于听人被试，两组差异显著。

13. (经过加权处理的复述停顿单元数量)两组被试在只有阅读任务中的表现相

同(复述了 10—13 项)。通过“预习—阅读—复习”(PVR)策略的帮助,两组被试的表现都优于只有阅读后的表现,并且聋生被试的表现显著优于健听人被试。

14.(复述停顿单元的质量)接受“预习—阅读—复习”(PVR)策略帮助后,两组被试的成绩都优于只有阅读后的成绩。

15.(经过加权处理的复述停顿单元质量)通过“预习—阅读—复习”(PVR)策略的帮助,两组被试都有了更好的表现。

16.(推理性问题)两组被试在回答推理性问题方面都存在困难,他们在这一项中的得分都很低。“预习—阅读—复习”(PVR)策略无助于两组被试理解推理性问题。

第五章 讨论

研究结果证实“预习—阅读—复习”(PVR)策略有助于双语学生提高他们复述科学文章的数量和质量。研究结果显示在复述科学文章时,学生接受“预习—阅读—复习”(PVR)策略帮助后的成绩与只有阅读后取得的成绩相比有显著差异。研究同样表明无论是墨西哥裔美国儿童还是聋童,他们的复述内容都不丰富。不论是否接受了“预习—阅读—复习”(PVR)策略的帮助,两组被试在筛选、排序、逻辑性组织复述内容方面都存在困难。另外“预习—阅读—复习”(PVR)策略在被试完成推理性问题任务方面不起作用。

总结

“预习—阅读—复习”(PVR)策略通过第一语言建立起背景知识,当双语学生运用“预习—阅读—复习”(PVR)策略时,他们显然可以利用自己的第一语言复述出更多的词汇。有趣的是研究结果显示,聋生被试从“预习—阅读—复习”(PVR)策略中得到的帮助显著多于墨西哥裔美国健听人被试。在回答推理性问题方面,两组被试使用“预习—阅读—复习”(PVR)策略后的成绩与只有阅读情况下取得的成绩无显著差别。进一步说两组被试不运用“预习—阅读—复习”(PVR)策略时的成绩显著低于运用“预习—阅读—复习”(PVR)策略时的成绩。为了帮助双语学生提高他们对科学文章的理解能力,就需要运用提供背景知识和额外信息的“预习—阅读—复习”(PVR)策略,研究进一步支持了这个结论。

预习阶段

“预习—阅读—复习”(PVR)技术可以帮助双语学生在阅读科学文章前、阅读中和阅读后获得先行背景知识和额外信息。在预习阶段如果科学文章有难度,双语学生会用更多的精力联系录像片段。在此阶段双语学生也许能轻松地获得阅读理解的线索。文章的复杂性与录像片段之间可能存在重要的关系。

阅读阶段

在阅读阶段,科学文章以英文的形式呈现给被试,这是最为困难的阶段。对于以英语为第二语言的被试(包括聋人和健听人)来说,尽管通过预习阶段文章的内容变得比较容易理解了,但他们仍然面临理解英语词汇、概念和语法的挑战。

研究者观察了被试阅读时的行为表现,发现部分聋双语被试一边阅读科学文章,一边用手指扫过文字,或用手指指点词语。两个群体中都有被试表示理解科学性词语有困难,并要求教师加以解释。尽管预习阶段运用被试的母语(西班牙语或美国手语 ASL)的录像片段能帮助被试在复述时回忆出关键性的词语,但一些以英语为第二语言的被试在理解文章方面仍存在困难。部分聋双语学生对文章书面语的关注不及他们对文中直观插图的关注,那些文字对他们来说太难了。一些学生在预习和回顾阶段学到了表达科学概念的新手语。

复习阶段

此阶段能帮助聋、健听双语被试在阅读后产生问题并检查自己的理解程度。聋、健听双语学生似乎更关注教师的讨论与提问。复述时,双语学生使用他们从录像片段和教师讨论中看到或听到的第一语言,而似乎并不关注科学文章中出现的书面语。研究者注意到英语水平越低的学生越需要得到更多与内容有关的提示。他们的复述由一组非常简单的 3—4 个词语组成的短语构成。

正如所料,与聋双语被试相反,健听人双语被试复述时语句完整,并使用了一些描述性的词语。他们在复述时显得很自信并且乐于复述。但同样值得注意的是,对于一些健听双语学生来说复述也是一项艰难的认知任务。他们的复述很短,而且大多数学生的复述并不详尽。

不同的语言和文化经历使聋、健听双语被试具有不同的背景知识。每个学生的特征都彼此不同,这取决于他们对主题相关知识和语言知识的了解以及文章的结构特点。

墨西哥裔双语学生由于每天能在家中与父母接触,所以具备接触语言(西班牙语)的有利条件。他们在学校也可以接触到由教师提供的西班牙语版的教材。健听人双语班的被试都有西班牙语版的科学教材。而聋生没有用美国自然手语表达科学概念的录像,也没有可供他们使用的教材。尽管一些出版社正在制作大量西班牙语/英语双语版的书籍和教材,但在中小学阶段双语学生仍然缺乏教材。事实上,璞琪(Pucci 1994)发现在一些有西班牙语/英语双语学生的学校中,图书馆缺少可供学生免费阅读的西班牙语阅读材料。在提供英语和西班牙语版的科学教材方面还需进行更多的研究。

聋生同样也缺乏教材以及美国手语 ASL 媒介,哈里·朗格博士和他的同事已经开始用美国手语 ASL 词汇来发展制作科学教材,这有可能会帮助聋生解决他们在科学课中遇到的困难。

从整体上看,研究者通过观察发现两组被试参与"预习—阅读—复习"(PVR)活动的积极性都很高,包括参与总结、讨论与提问。当他们与使用自己母语的教师进行交流时,这些被试最为活跃。但研究者也注意到进行第 6 项即最后一项阅读活动时,被试表现出厌烦和疲倦的情绪,这可能是因为阅读的时间太长了。另外,聋生被试迫切地希望学到更多的手语,部分聋生在复述完所有 6 篇科学文章后询问能否再多看一些录像片断。

第一语言背景知识的重要性

具备与科学内容一致的背景知识是帮助学生理解科学文章的关键。视觉材料——图片和手语录像——对于聋双语学生来说非常重要。在双语课堂中,双语教师可以运用"预习—阅读—复习"(PVR)技术帮助学生增长有关某些有难度的学科领域(如科学学科)的背景知识和先前知识。针对聋双语学生,教师要使用手语;针对墨西哥裔美国健听人双语学生,教师要使用西班牙语。

本研究的结论符合维果斯基(1978)的理论,与布拉汉姆和林奇—布朗(2002)的研究结果一致。后两人的研究认为教师的解释与读前讨论对于学生学习词语和进行意义建构具有积极作用。如果师生之间没有有效的交流沟通,学生就会缺乏参与的积极性,也就不能从"预习—阅读—复习"(PVR)策略中获得帮助。没有教师的辅助和第一语言的支持,学生的复述会显得很贫乏。那些只有很少或基本没有英语技能的学生需要通过第一语言和视觉途径得到额外的帮助。

"预习—阅读—复习"(PVR)策略可以帮助双语学生接受科学教育。过去与当前的研究证实维果斯基的最近发展区理论和社会交互作用理论对于教育领域具有重要价值。这样的研究对于如何在科学学科中指导学生进行阅读理解具有明显的实用意义。

复述任务

研究者发现聋双语被试在预习阶段接受美国手语 ASL 的视觉帮助后,他们复述的内容得到了丰富。运用“预习—阅读—复习”(PVR)策略后,聋双语学生复述的数量明显多于听人双语学生。从整体上看,聋、健听两组被试都可以复述出更丰富的内容。

复述是了解学生对课文的理解能力及评估他们掌握语言、语言的结构和习惯用法的有效认知策略。复述不仅仅是一个记忆任务,在复述过程中学生必须选取概念、排序和组织各种观点(Brown & Cambourne,1987)。本研究中的被试在科学课中都缺乏复述练习。让学生复述他们学过的科学概念可能是科学课中应该增加的一项重要内容。

数据显示聋、健听双语被试对于小学中出现的科学概念都缺少牢固的知识背景或图式。同时研究也发现两组双语被试都在他们的复述中增添了许多额外的信息,其中有些信息是错误的。巴特利特(1932)在他早期有关记忆的研究中发现了同样的现象。他把图式定义为由过去的反应和经验构成的行为组织结构。但是巴特利特发现当被试尝试回忆故事时,他们并不是对原文进行不完美的仿制,而是运用自己的认知结构增加或删除故事内容。因此,巴特利特认为故事记忆就像是听者输入的产物,是新的信息。在测试双语学生复述质量方面还需要进行更多的研究。

推理性问题任务

“预习—阅读—复习”(PVR)方法无法为两组被试回答推理性的问题提供帮助。推理是项复杂的阅读技能,读者必须体会“言外之意”和读出字里行间隐含的意思。要理解推理性问题,学生必须具备有关阅读内容的背景知识,同时也要能理解英文文本。本研究中的被试可能对文中出现的概念不具备相应的图式或背景知识。这可能是学生在回答推理性问题时“预习—阅读—复习”(PVR)策略不起作用的原因。两组双语被试的教师都需要通过各种与科学有关的活动帮助学生建立背景知识,从而为学生理解科学概念提供更多的帮助。

教学建议

双语教师可以运用各种策略使学生更容易地理解学习内容。这样可能会帮助学生成功地获得较难的信息,特别是与科学有关的信息。此外,双语学生可能会把不同的语言、方言和文化带入学校。这些都是教师在教学中必须要考虑到的。

运用学生的第一语言可能是使他们获得和理解第二语言的关键。教师的作用是通过运用强调学习者理解的方法论和技术引导学生的语言获得(Ulanoff & Pucci,1999)。

教师要意识到"预习—阅读—复习"(PVR)技术是评价双语学生阅读理解能力的重要工具。赫瑞尔(2000)提出了英语教学的50个策略,其中就包括预习/复习。教师可以运用不同的教学策略进行教学,如小组合作、学习中心、档案袋评估、视觉化的鹰架以及脚本。

故事复述法是一个非常重要的发展语言文字的方法,因为它给了儿童建立和练习有效策略的机会。不幸的是,复述活动在学校中并不常见。研究者发现大多数被试都不能流利地进行复述。尽管对于这些学生来说复述显得更加困难,但这还是能帮助他们发展语言技能。他们需要在复述方面花费更多的时间,进行更多的练习(Maria, 1990)。

研究者发现多数小学教师包括本项研究中被试的教师,通常非常重视语文和数学。他们大学时学得最少的是有关科学课的课程,特别是关于学前班到3年级的科学课。朗格(1994)发现在招收聋生的普通学校(主流学校)和寄宿制学校中,十分之八的科学课教师都不具备科学或科学教育的学位。显然小学教师需要接受有关科学教学法的培训。

教师有机会运用"预习—阅读—复习"(PVR)策略将有利于学生的第一语言获得认可,同时也有利于提高学生理解英文文本的能力。就像冈萨雷斯(1999)提出的那样,必须发展兼顾到认知、文化和语言三方面的测量手段,以便准确评估双语学生从一种语言向另一种语言过渡的情况。所以在预述和回顾阶段应该使用美国手语ASL和西班牙语作为双语学生的第一语言。当双语学生成为更熟练的读者时,教师可以根据学生已有的知识更强调"读中学"的方式(Avalos,2003)。如果教师已经让双语学生接触了美国手语ASL或西班牙语,那么实行"预习—阅读—复习"(PVR)策略会更加有效。对运用"预习—阅读—复习"(PVR)策略阅读科学文章作进一步研究,将有助于明确针对双语学生进行阅读理解教学的有效策略。

研究建议

“预习—阅读—复习”(PVR)方法在社会研究、数学、阅读等课程中会起什么作用,这还需要进行实证性的研究。研究也可以针对来自不同语言背景的学生进行,如出自聋人家庭的聋生和父母讲西班牙语的聋生。同样也可以在中学阶段和大学阶段对“预习—阅读—复习”(PVR)方法进行探究。这些研究将有助于教师帮助双语学生(不论是聋生还是健听人学生)学习语言。

在测量复述质量方面也需要进行更多的研究。两组双语被试在复述时都增加了内容,这些内容并没有在运用美国手语 ASL 和西班牙语的复习阶段出现过,它们与被试的背景经验有关。这些结果支持了巴特利特的记忆研究结论,同时还需要在双语人群中进行大范围的调查。

最后,比较聋、健听双语者的读写能力对于聋生来说可能是富有成效的研究。聋教育领域的研究者们通常以残疾或有缺陷的群体为参照组,以此研究聋儿的读写能力。不过以语言上的少数民族群体为参照组进行研究,可能会产生新的视角,这有助于以英语为第二语言的聋生发展新的读写模式。

参考文献

Amaral, O. , Garrison, L. , & Klentschy, M. 帮助英语学习者通过基于探究的科学教学提高成绩(J). 双语研究期刊,2002,26(2): 213—239.

Andrews, J. , & Jordan, D. 少数和少数聋专业人员:多少和他们在哪里?(J). 美国聋人年报, 1993, 138(5): 388—396.

Andrews, J. , & Jordan, D. 聋童的多媒体故事(J). 教育残疾儿童,1998, 30(5): 28—33.

Andrews, J. , & Karlin, A. 双语聋大学生的阅读行为(J). 美国聋人康复协会期刊, 2002, 36(1), 28—44.

Andrews, J. , Leigh, I. , & Weiner, M. 聋人: 心理学、教育学和社会学形成的观念. 波士顿, 麻省: 个人教育公司, 2004.

Andrews, J. , Winograd, P. , & DeVille, G. 聋童阅读寓言:使用美国手语概括,以提高阅读理解(J). 美国聋人年报, 1994, 139(3), 378—386.

Andrews, J. , Winograd, P. , & DeVille, G. 复读课文时使用手语概括(J). 教育残疾儿童, 1996, 28(3), 30—33.

Ajideh, P. 概要理论为基础的预读任务:作为第二语言的英语课被忽视的要素(J). 阅读模型, 2003, 3(1), 1—14.

August, D. , & Hakuta, K. 提高语言少数儿童学校教育:研究议事日程. 华盛顿特区:国家研究院出版社, 1997.

Ausubel, D. 有意义的语言教材的学习和记忆保持的预先组织者的使用(J). 教育心理学期刊, 1960, 51, 267—272.

Avalos, M. 有效的第二语言阅读转移: 从学习者特定到一般指导模型(J). 双语研究期刊, 2003, 27(2), 171—205.

Bahan, B. & Nover, S. 资料计划结构: 美国手语/英语双语教育的资料语言学的未来趋势. 第一届(两年一次)美国手语/英语双语聋教育会议,华盛顿特区: 加劳德特大学,2005 年 3 月 9—12 日.

Baker, C. 家长和教师的双语指导. 费城, 宾夕法尼亚州: 多语言事物公司，2000.

Baker，C. 双语教育和两种语言的原理(第三版). 托纳万达，纽约州：多语言事物公司，2001.

Baker，C.，& Jones，S. 两种语言和双语教育的专科全书. 克利文顿，英国：多语言事物公司，1998.

Barrera，B.，& Jimenez，R. 拉丁美洲学生的读写练习. 检索 2005 年 2 月 17 日，网站：http://www.ncela.gwu.edu/pubs/reports/literacy/index.htm，2000.

Barron，V.，& Menken，K. 双语教育特征和作为第二语言的英语教师的不足是什么？AskNCELA，14. 检索于 2005 年 1 月 13 日，网站：http://www.ncela.gwu.edu/expert/faq/14shortage.htm，2002.

Bartlett，F. C. 回忆. 剑桥，英国：剑桥大学出版社，1932.

博蒙特市菲莱特御小学. 关于我们的学校. 检索于 2004 年 10 月 20 日，网站：http://www.beaumont.k12.tx.us/Fletcher/our%20school.htm，2004.

Brabham，G.，& Lynch-Brown，C. 低年级小学学生的词汇获得和理解中教师的只有阅读方式的效果. 教育心理学期刊，2002，94，465—473.

Brice，A. 西班牙儿童：讲话、语言、文化和教育. 波士顿，麻省：阿林—培根公司，2002.

Brown，A.，Fisher，J.，& Janus，B. 阅读认识的作用. 在 J. Orasanu (Ed.)，阅读理解:从研究到实践 (第 49—75 页). 希尔斯代尔，新泽西州：劳伦斯—埃尔本协会，1991.

Brown，H.，& Cambourne，B. 阅读和复述.普茨茅斯,新罕布什尔州：海纳曼出版印刷集团,1987.

Carrasquillo，A.，& Rodriguez，V. 随班就读课堂的语言少数学生(第二版). 托纳万达，纽约州：多语言事物公司，2002.

Carrell，P.，& Floyd，P. 教学文化内容概要和作为第二语言的英语阅读的效果(J). 语言学习，1987，37，89—108.

Charrow，V. R. (1981). 聋青少年的书面英语. 在 M. F. Whiteman (Ed.)，写作：性质、发展和书面交流教学，Vol. 1 (第 179—187 页). 希尔斯代尔，新泽西州：劳伦斯—埃尔本协会,1981.

Collier，V. 促进作为第二语言的英语学生学术成功：理解学校的第二语言习得.泽西市,新泽西州：新泽西州英语教师和其他语言双语教育者的演讲者，1995.

Combs，M. C. 英语增加：对只有英语作出反应. 在 J. Crawford (Ed.)，语言的忠诚：官方英语论战的史料(第 216—224 页). 芝加哥,伊利诺伊州：芝加哥大学出版社，1992.

Cooney，T.，Dispezio，M.，Foots，B.，Matamoros，A.，Nyquist，K.，Ostlund，K.，& Chamot，A. 得克萨斯州斯科特—佛斯曼科学. 格兰威，伊利诺伊州：个人教育出版公司，2003.

Crawford，J. 最佳证据：双语教育法研究基金会. 国家双语教育情报交换所. 检索于 2005 年 1 月，网站：http://www.ncela.gwu.edu/pubs/symposia/reading/article9/crawford97/toc.html，1997.

Cummins，J. 主要语言发展在促进语言少数学生教育成功的作用. 在 C. F. Leyba（Ed.），学校和语言少数学生：理论结构. 洛杉矶，加利福尼亚州：加利福尼亚州州立大学，1994.

Cummins，J. 语言、力量和教育学：双语儿童陷入交火中. 克利文顿，英国：多语言事物公司，2000.

Day，J. C. 美国人口规划：年龄、性别、种族和西班牙出身：1995 年到 2050 年. 华盛顿特区：美国人口普查局，美国政府印刷办公室. 最近人口报告第 25—1130 号，1996.

Emmorey，K.，& Lane，H. 手语语言重返：崇敬 Ursula Bellugi & Edward Klima 文集. 莫瓦，新泽西州：劳伦斯—埃尔本协会，2000.

Ernst-Slavit，G.，& Mulhern M. 双语书籍：促进第二语言和随班就读课堂的读写和双语读写能力. 阅读联线，2003，7(2). 检索于 2005 年 1 月 13 日，网站：http://www.readingonline.org/articles/ernst-slavit/.

Ewoldt，C. 课文简化：许多问题的一种解决方法(J). 听力损失教师的观点，1983，1(5)，23—25.

Fountas，I.，& Pinnell，G. 指导读者和写作者 3—6 年级：教学理解、类型和内容读写. 普茨茅斯，新罕布什尔州：海纳曼出版印刷集团，2001.

Fradd，S.，Sutman，F.，Lee，O.，& Saxton，M. 促进英语语言学习者通过教学教材发展的科学读写能力：实例研究(J). 双语研究期刊，2001，25(4)，417—439.

Freeman，D.，& Freeman，Y. 推动所有学生的主要语言能力的方法(J). 读者教师，1993，46(7)，552—558.

Freeman，Y.，& Freeman，D. 学习来自整体到部分. 在 Y. Freeman and D. Freeman（Eds.），作为第二语言的英语教学：成功的原理（第 62—87 页）. 普茨茅斯，新罕布什尔州：海纳曼出版印刷集团，1998.

Freeman，Y.，& Freeman，D. 在多语言课堂上教学阅读. 普茨茅斯，新罕布什尔州：海纳曼出版印刷集团，2000.

Freeman，Y.，& Freeman，D. 世界之间：使用第二语言习得(第二版). 普茨茅斯，新罕布什尔州：海纳曼出版印刷集团，2001.

Freeman，Y.，& Freeman，D. 双重语言计划的读写要点：双向双语计划流行猛增，David and Yvonne Freeman 概述导致双语读写更高水平的要点(J). 语言杂志，2005，4(5)，24—28.

加劳德特研究机构. 地区和国家资料概要报告：2001—2002 年聋和重听儿童和青年人年度调查. 华盛顿特区：加劳德特研究机构，加劳德特大学，2003.

Garcia，G. 双语儿童的阅读：近来研究概观(J). 应用语言学中心，1999，23(1)，1—9.

Godina，H. 墨西哥籍背景学生的抵触读写实践：农村中西部的人种论(J). 双语研究期刊，2004，28(2)，153—180.

Gonzalez，V. 第二语言学习的语言和认知发展：儿童和成人教育暗示. 波士顿，麻省：阿林—培根公司，1999.

Goodman，K. S. 阅读：心理语言学猜测游戏. 阅读专家期刊，1967，6，126—135.

Granados，C. 西班牙裔对拉丁美洲裔(电子版). 西班牙人杂志. 检索于 2005 年 2 月 2 日，网站：http://www.hispanicmagazine.com/2000dec/Features/latino.html，2000 年 12 月.

Graves，M.，Cooke，C.，& Laberge，M. 低能的初中生的理解、复述和态度在预览较难的短篇故事中的效果(J). 阅读研究季刊，1983，18(3)，262—276.

Greene，J. P. 双语教育有效的元分析. 克莱蒙，加利福尼亚州：托马斯－沃霍尔政策研究院，1998.

Grosjean，F. (1998). Living with two languages and cultures. 在 I. Parasnis (Ed.)，文化和语言多样化和聋人经验 (第 20—37 页). 纽约，纽约州：剑桥大学出版社，1998.

Guerrero，M. 西班牙语学术语言熟练：美国双语教育教师的实例(J). 双语研究期刊，1997，21(1)，65—84.

Hamers，J. 双语儿童的认知和语言发展. 在 I. Parasins (Ed.)，文化和语言多样化和聋人经验 (第 51—75 页). 纽约，纽约州：剑桥大学出版社，1998.

Hampton，E.，& Rodriguez，R. 调查双语课堂的科学(J). 双语研究期刊，2001，25(4)，417—434.

Hardin，V. 晚退双语计划的拉丁美洲裔 4 年级学生的认知阅读方法的转移和变化. 双语研究期刊，2001，25(4)，417—439.

Hargett，G. 作为第二语言的英语和双语教育的评定. 波特兰，俄勒冈州：西北地区教育实验室，1998.

Harris，M.，& Beech，J. 有语言能力前的聋童的隐式语音意识和早期阅读发展(J). 聋研究和聋教育期刊，1998，3(3)，205—216.

Herrell，A. 教学英语语言学习者的 50 种方法. 上鞍河，新泽西州：美林公司，2000.

Jacobson，R. 双语学校的语言分配问题. 克利文顿，英国：多语言事物公司，1990.

Jimenez，R. 理解和促进双语学生的阅读理解(J). 双语研究期刊，1994，18(1&2)，99—119.

Jimenez，R.，Garcia，G.，& Pearson，P. 阅读西班牙语和英语的拉丁美洲裔学生的元认知方法(J). 阅读研究中心，1994，601，1—55.

Jimenez，R.，Garcia，G.，& Pearson，P. 成功英语读者的拉丁美洲裔双语学生的阅读方法：机会和障碍(J). 阅读研究季刊，1996，31，90—112.

Johnson，J.，& Newport，E. 语言学习的关键时期的影响：作为第二语言的英语习得的成熟状态的影响. 认知心理学，1989，21，60—99.

Jordan，K.，& Karchmer，M. 听力损失学生使用手语的方式. 在 A. Schildroth & M. Karchmer (Eds.)，美国聋童（第 125—138 页). 圣地亚哥，加利福尼亚州：大学出版社，1986.

Kannapell，B. 聋大学生对美国手语和英语的态度的调查. 在 C. Lucas (Ed.)，聋社区的社会语言学（第 119—120 页). 圣地哥，加利福尼亚州：学术出版社，1989.

Kelly，R. 聋学生阅读时的句法能力和词汇的相互作用. 聋研究和聋教育期刊，1996，1(1)，75—90.

Knight，P.，& Swanwick，R. 与聋学生工作：手语双语政策进入实践. 伦敦，英国：大卫—富尔顿出版社，2002.

Krashen，S. 鼓励自由阅读. 在 M. Douglass (Ed.)，克莱蒙阅读会议的第 51 年鉴. 克莱蒙，加利福尼亚州：克莱蒙研究所，1987.

Krashen，S. 在受到攻击的情况下：实例和双语教育对照. 斑鸠城，加利福尼亚州：语言教育协会，1996.

Krashen，S. 布什对双语教育的坏主意(J). 反思学校联线，2002，15(4). 检索于 2005 年 3 月 5 日，网站：http://www.rethinkingschools.org/special_reports/

bilingual/Bied154. shtml.

Krashen, S. , & Biber, D. 在规定的过程中：加利福尼亚州双语教育的成功. 萨克拉曼多，加利福尼亚州：加州双语教育协会，1988.

Lane, H. , Hoffmeister, R. , & Bahan, B. 进入聋世界的旅行. 圣地哥，加利福尼亚州：道恩手语出版社，1996.

Lang, H. 聋生的科学：研究下一千年. 在 G. Stefanich and J. Egelston-Dodd (Eds.)，未来议事日程：残疾学生科学教育工作会议进程. 洋杉瀑布市，爱荷华州：北爱荷华大学，1994.

Lang, H. , & Albertini, J. 聋学生可靠的科学书写含义的结构. 聋研究和聋教育期刊,2001，6，258—284.

Lang, H. , and Steely, D. 聋学生基于网络的科学教学：研究对教师都说什么(J). 科学教育，2003，31，277—298.

LaSasso, C. , & Lollis, J. 确认自己是双语双文化计划的美国寄宿聋校和全天聋校的调查. 聋研究和聋教育期刊，2003，8(1)，79—91.

Legarreta-Marcaida, D. 在课堂中有效地使用主要语言. 在加利福尼亚州双语双文化教育学校和语言少数学生办公室：理论结构(第 83—116 页). 洛杉矶，加利福尼亚州：加利福尼亚州立大学,洛杉矶.

Lessow-Hurley, J. 双重语言教学的基本原理. 纽约，纽约州：朗曼公司，1990.

Lewelling, V. 美国语言多样化：英语增加和官方英语. 科教资源信息中心文摘. 华盛顿特区：国家读写教育交换所，1992.

Livingston, S. 反思聋学生的教育：来自教师观点的理论和实践. 普茨茅斯，新罕布什尔州：海纳曼出版印刷集团，1997.

Lucas, C. 官方英语：卷入聋教育. 在 J. Crawford (Ed.)，语言的忠诚：官方英语论战的史料(第 381—383 页). 芝加哥，伊利诺伊州：芝加哥大学出版社，1992.

Maria, K. 阅读理解教学：问题和方法. 帕克顿，马里兰州：约克出版社，1990.

Mayberry, R. 儿童时代不同于第二语言习得后的第一语言习得：美国手语实例(J). 讲话和听力研究期刊，1993，36，1258—1270.

Mayer, C. , & Wells, G. 语言相互依赖理论能否支持聋学生读写教育的双语双文化模式？(J) 聋研究和聋教育期刊，1996，1(2)，93—106.

Moyer, R. , Daniel, L. , Hackett, J. , Baptiste, P. , Stryker, P. , & Vasquez, J. 麦克劳希尔科学. 纽约，纽约州：麦克劳希尔学校部门，2000.

Mounty, J. 两名健听家长的聋童的本土化和投入语言发展. 未出版的博士论文, 波士顿大学, 1986.

Muniz-Swicegood, M. 3 年级双语学生的阅读能力和学生阅读分析方法的元认知阅读方法训练的效果. 双语研究期刊, 1994, 18, 83—97.

美国国家教育进展评估. 国家成绩单: 4 年级阅读. 检索于 2005 年 2 月 2 日, 网站: http://nces.ed.gov/pubsearch/pubsinfo.asp? pubid=2001499, 2000.

国家教育统计中心. 教育统计的微型文摘. 华盛顿特区: 美国教育部, 2001.

国家阅读专门小组. 教学儿童阅读: 阅读特定的研究文献和阅读教学的影响以证据为基础的评估(NIH 出版社第 00—4769 号). 华盛顿特区: 美国政府印刷办公室, 2000.

Novas, H. 每件事你都需要知道拉丁美洲历史. 纽约, 纽约州: 企鹅出版集团, 1994.

Nover, S. 聋教育语言计划的历史: 19 世纪. 未出版的博士论文. 亚利桑那大学, 图森, 2000.

Nover, S. 作为语言计划者和教育领导者共同工作: 考虑美国手语/英语双语教育的语言计划. 文章发表在第一届(两年一次)美国手语/英语双语聋教育会议. 华盛顿特区: 加劳德特大学, 2005 年 3 月 9—12 日.

Nover, S., Andrews, J., Baker, S. Everhart, V. & Bradford, M. 聋教育的关键教学法: 美国手语/英语聋生双语教学的教职员训练: 评价和作用研究. 第 5 年(2001—2002). 圣达菲, 新墨西哥州: 新墨西哥聋校, 2002.

Ovando, C., Collier, V., & Combs, M. 双语和作为第二语言的英语课堂: 多文化语境教学(第 3 版). 纽约, 纽约州: 麦克劳希尔公司, 2003.

Padden, C., & Ramsey, C. 打手语的聋童的阅读能力. 语言障碍话题. 1998, 18(4), 30—46.

Pang, E., & Kamil, M. 早期读写和教学的第二语言问题. 在 O. Saracho & B. Spodek (Eds.), 语言政策和早期读写教育. 格林尼治, 康涅狄格州: 信息化时代出版社. 检索于 2005 年 3 月 1 日, 网站: www.temple.edu/Iss/pdf/publications/pubs2004—1.pdf, 2004.

Paul, P. 阅读过程和组成部分. 在 M. Marschark & P. Spencer (Eds.), 聋研究、语言和教育手册(第 97—109 页). 纽约, 纽约州: 牛津大学出版社, 2003.

Payne, J., & Quigley, S. 听力损失儿童对动词组成的理解(J). 沃尔塔回顾, 1987, 89(3), 133—143.

Prince, A., & Mancus, D. 丰富的理解力: 计划改变基础的阅读课程(J). 阅读研究和教学，1987，27(1)，45—54.

Prinz，P.，& Strong，M. 在双语聋教育教学模型内的美国手语熟练和英语读写(J). 语言障碍话题，1998，18(4)，47—60.

Pucci，S. 支持西班牙语语言读写：拉丁美洲裔儿童和学校自由阅读资源. 双语研究期刊，1994，18(1&2)，67—82.

普渡大学. “预习—阅读—复习”研究方法. 检索于 2004 年 9 月，网站：http://web.ics.purdue.edu/~rallrich/learn/preview.html.

Quigley，S.，& Kretchmer，R. 聋童的教育：问题、理论和实践. 巴尔的摩，马里兰州：大学公园，1986.

Roseberry-Mckibbin，C. 有特殊语言需要的多文化学生：评估和干涉的实践方法. 海边城，加利福尼亚州：学术交流协会，1995.

Rossell，C. H.，& Baker，K. 双语教育的作用. 英语教学研究，1996，30，7—74.

Schirmer，B. 聋童语言和读写发展(第 2 版). 尼达姆—海茨，麻省：阿林—培根公司，2000.

Searfoss，L.，& Readance，J. 帮助儿童学阅读. 英格伍德，新泽西州：Prentice Hall 出版社，1985.

Schmid，C. 只有英语趋向：英国人和拉丁美洲裔之间的支持和反对的社会基础. 在 J. Crawford (Ed.)，语言的忠诚：官方英语论战的源卷(第 202—208 页). 芝加哥，伊利诺州：芝加哥大学，1992.

Shantie，C.，& Hoffmeister，R. 聋童学校为什么应该聘用聋教师：幼儿园问题(J). 教育期刊，2000，182(3)，37—47.

Skutnabb-Kangas，T. (1981). 两种语言或否:少数民族教育. 克利夫登，俄亥俄州：多语言事物公司.

Singleton，J.，Supalla，S.，Litchfield，S.，& Schley，S. 手势到词语：考虑美国手语/英语双语教育模式的限制. 语言障碍话题，1998，18(4)，16—29.

Smolkin，L.，& Donovan，C. 理解背景：1 年级课堂的教材朗读、理解获得和理解教学. 小学期刊，2001，102，97—119.

Stokoe，W. 手语语言结构：美国聋人视觉交流系统的概要. 语言学研究，不定期论文，No. 8. 布法罗，纽约州：布法罗大学，1960.

Strassman，B. 聋童的元认知和阅读：研究回顾. 聋研究和聋教育期刊，1997，2(3)，140—149.

Strong，M. 北美洲聋童双语/双文化计划的回顾. 美国聋人年报，1995，140

(2)，84—90.

Swaffar，J.，Arans，K.，& Byrnes，H. 含义阅读：语言学习的综合方法. 英格伍德，新泽西州：Prentice Hall 公司，1991.

Tawney，J.，& Gast，D. 特殊教育单科研究. 哥伦布，俄亥俄州：美林公司，1984.

得克萨斯州 A&M 大学. 教师需求研究 2001—2002 年. 布莱恩，得克萨斯州：学校大学合作研究院，检索于 2002 年 12 月，网站：http://partnerships.tamu.edu/publications/01－02%20supply%20and%20demand%20study.pdf.

得克萨斯州统计资料. 博蒙特市. 检索于 2004 年 12 月，网站：http://beaumont.yptexas.com/demographics.html.

Thomas，W.，& Collier，V. 提高语言少数儿童学校教育. 研究议事日程. 华盛顿特区：国家学术出版社，1997，第 138 页.

Thomas，W.，& Collier，V. 语言少数学生成绩和计划效果(J). 加利福尼亚州双语教育协会报，1995，17(5)，19—24.

Tierney，J.，& Cunningham，W. 阅读理解研究. 在 D. Pearson (Ed.)，阅读研究手册. 纽约，纽约州：朗曼公司，1984.

Traxler，B. 标准成绩测验，第九版：国家聋和重听学生的标准和行为规范. 聋研究和聋教育期刊，2000，5，337—348.

Ulanoff，H.，& Pucci，K. 同时翻译或预习—复习在促进第二语言词汇习得更有效吗？发表于美国教育研究协会年会，亚特兰大，佐治亚州，1993.

Ulanoff，H.，& Pucci，K. 从书籍中学到词语：第二语言词汇获得朗读的效果. 双语研究期刊，1999，23，409—422.

Vernon，M.，& Andrews，J. 聋人心理学. 纽约，纽约州：朗曼公司，1990.

Vygotsky，L. 社会思维：较高心理过程的发展. 剑桥，麻省：哈佛大学，1978.

Wallace，C. 阅读. 纽约，纽约州：牛津大学出版社，1992.

Willig，A. C. 双语教育效果的挑选研究的元分析. 教育研究回顾，1985，55，269—317.

Winefield，R. 从来未见面的一对孪生兄妹：比尔、加劳德特和交际辩论. 华盛顿特区：加劳德特大学出版社，1987.

Wong Fillmore，L. 学习第二语言时意味着失去第一语言. 早期儿童时代季刊，1991，6，323—346.

Yore，L. D. 增强所有学生的科学读写能力，嵌入阅读教学和书写—学习活动中. 聋研究和聋教育期刊，2000，5，105—122.

附　录

附录 A

科学文章(3 年级水平；可读性水平＝8.8)

一

氦气有什么用处？

氦气是具有多种用途的自然资源。自然资源是指地球上的天然原料，它对人们来说是必需的或是有用的。

当氦气与其他气体混合时，它可以有许多

氧气结合可以帮助手术中的病人进行呼吸。氧气是存在于空气和水中的一种气体。深海潜水员和宇航员在他们的氧气瓶中把氦气和氧气混合起来。

航天飞机的燃料箱中有氦气，充气球也要用到它。气象研究者用充满氦气的气球研究环绕地球的大气层。

推理性问题：你能想出可能用氦气充气的其他种类的气球吗？

二

(可读性水平＝6.3)

什么是流星？

宇宙中除了太阳和行星外还有其他的天体。彗星是一种由冰和岩石构成围绕太阳旋转的天体。小行星是围绕太阳旋转的小块岩石或金属。另外一种宇宙中的天体是流星。流星是指从外太空进入地球大气层的岩石。围绕地球的气体层

当流星高速穿过地球的大气层时，大部分的流星燃烧起来并发出光亮。看看这张流星图，想想人们为什么称流星为射击星？大部分的流星永远不会与地球相撞。当真有流星坠落到地上时，人们称它为陨石。一些陨石在地面上留下的坑洞被称为陨石坑。

有时人们能在短时间内看到一些流星，这就是流星雨。大部分流星雨每年出现的时间大致相同。

推理性问题：下一次流星雨会在什么时候出现？

三

（可读性水平＝6.1）

约翰逊太空中心发生着什么？

约翰逊太空中心位于得克萨斯州的休斯敦。该中心成立于1961年。宇航员为了空间任务在这里接受训练。科学家在中心设计并制造航天器。他们也为航天飞机制定空间任务。

航天飞机是运送宇航员进入太空的航天器。约翰逊太空中心是制造航天飞机的地点之一。科学家要确定航天飞机对于宇航员来说是安全的。航天飞机的速度快得令人惊奇。速度是指一个物体移动的快慢。航天飞机横穿美国仅需12分钟。环绕地球一周也仅需90分钟！航天飞机看上去就像是大飞机，能载重23吨甚至更多！这就意味着需要用火箭把航天飞机运送出地球。当航天飞机返回地球时，它们能像飞机一样着陆。

推理性问题：你能想到令航天飞机更安全的其他方法吗？

四

（可读性水平＝5.8）

什么是辨别生物的第三种方法？

你和所有的生物都生活在环境中。生物周围所有的事物构成环境。它包括空气、水和土壤，甚至包括其他生物。

生物对它周围环境的变化做出反应。它以特定的方式回应变化。所有生物都以某种方式进行反应。

你注意到植物和昆虫是怎样对光线进行反应的吗？植物向着光弯曲，昆虫朝着

生物也以其他方式进行反应。一些树的树叶随着季节发生着变化。秋天,它们变了颜色,随之从树枝上落下来。动物也随着季节发生着变化。松鼠为冬天储备坚果。熊在整个冬季躲在洞穴中安睡。

你也以某些方式对你的环境做出反应。如果你冷了你可能会发抖。

推理性问题:你对环境变化的其他反应是什么?

五

(可读性水平=6.6)

什么是失重?

重量是重力作用于物体的拉力。在太空中宇航员体验到了失重。只有一点或没有重力作用于物体的时候就会发生失重现象。宇航员在太空中出现失重现象是由于他们距离地球引力太远了。

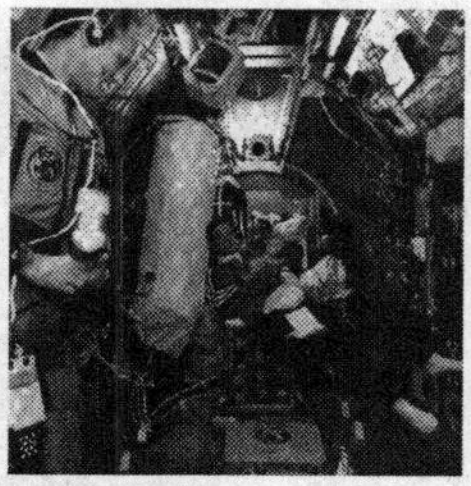

当宇航员在太空中失重时,他们在漂浮而不是在行走。他们所有的工具也在漂浮。你能想象宇航员在航天飞机中要做什么事情吗?失重是怎样让他们的任务变得更加困难的?

约翰逊太空中心训练宇航员以确保他们能在太空中生存下来。宇航员在一个大舱中进行水下工作为失重做准备。他们穿上特制的服装以防止在舱中下沉或浮起。最初他们学习如何做简单的事情,例如移动自己的身体。接下来他们学习做更困难的事情,例如走出航天飞机。

推理性问题:如果你在失重的情况下穿越一条街,会发生什么?

六

(可读性水平=5.5)

南帕德雷岛和大弯国家公园的地形是什么?

南帕德雷岛坐落于得克萨斯州南部的墨西哥湾。它距离墨西哥30英里。南帕德雷岛有34英里的沙滩。沙滩上有一些几英里长的沙丘。沙丘是风吹沙子形成的小山。假如你沿着南帕德雷岛的沙滩行走,想想你可能会看到或发现什么?

大弯国家公园位于得克萨斯州西部的Chihuahuan荒漠。它是美国最大的国家

公园之一。大弯的地形包括荒漠、山脉和峡谷。峡谷是两边都是陡峭崖壁的深谷。荒漠经常在山脉附近形成，因为山脉阻挡了荒漠获得雨水。

推理性问题：哪些动植物是南帕德雷岛具有而大弯没有的？

附录 B

实验材料的平衡对抗处理（分散材料的难度以便每一篇实验材料都有接受所有处理的平等机会）

24 名学生　D＝聋生　H＝健听人学生

学生	科学文章 1 只有阅读	科学文章 2 只有阅读	科学文章 3 PVR	科学文章 4 只有阅读	科学文章 5 PVR	科学文章 6 只有阅读
D 1	氦气	流星	太空	生物	失重	地形
2	流星	太空	生物	失重	地形	氦气
3	太空	生物	失重	地形	氦气	流星
4	生物	失重	地形	氦气	流星	太空
5	失重	地形	氦气	流星	太空	生物
6	地形	氦气	流星	太空	生物	失重
7	氦气	流星	太空	生物	失重	地形
8	流星	太空	生物	失重	地形	氦气
9	太空	生物	失重	地形	氦气	流星
10	生物	失重	地形	氦气	流星	太空
11	失重	地形	氦气	流星	太空	生物
12	地形	氦气	流星	太空	生物	失重
H 1	氦气	流星	太空	生物	失重	地形

2	流星	太空	生物	失重	地形	氦气
3	太空	生物	失重	地形	氦气	流星
4	生物	失重	地形	氦气	流星	太空
5	失重	地形	氦气	流星	太空	生物
6	地形	氦气	流星	太空	生物	失重
7	氦气	流星	太空	生物	失重	地形
8	流星	太空	生物	失重	地形	氦气
9	太空	生物	失重	地形	氦气	流星
10	生物	失重	地形	氦气	流星	太空
11	失重	地形	氦气	流星	太空	生物
12	地形	氦气	流星	太空	生物	失重

Table of Contents

RESEARCH ON THE OUTCOMES OF BILINGUAL EDUCATION—PREVIEW-VIEW-REVIEW ON THE COMPREHENSION OF SCIENCE CONCEPTS BY DEAF ASL/ENGLISH AND HEARING MEXICAN-AMERICAN SPANISH/ENGLISH BILINGUAL STUDENTS

A Dissertation
Presented to
The Faculty of the College of Graduate Studies
Lamar University

In Partial Fulfillment
of the Requirements for the Degree
Doctor of Education
by
Ying Li
May 2005

RESEARCH ON THE OUTCOMES OF BILINGUAL EDUCATION—PREVIEW-VIEW-REVIEW ON THE COMPREHENSION OF SCIENCE CONCEPTS BY DEAF ASL/ENGLISH AND HEARING MEXICAN-AMERICAN SPANISH/ENGLISH BILINGUAL STUDENTS

YING LI

Approved:

Jean F. Andrews
Supervising Professor

Zanthia Smith
Committee Member

Mary Anne Gentry
Committee Member

James K. Esser
Committee Member

Laurene Simms
Committee Member

Gabriel A. (Tony) Martin
Chair, Department of Communication Disorders & Deaf Education

Russ A. Schultz
Dean, College of Fine Arts & Communication

Jerry W. Bradley
Associate Vice President for Research and Dean of Graduate Studies

Abstract

Preview-View-Review (PVR) is a bilingual strategy used in teaching students who are learning English as a second language. PVR uses the student's first language, a text in the second language, and discussion with the student to build new concepts in both languages. While this method has been described in books on bilingual and English as a second language (ESL) methods and strategies, there is little empirical research documenting its effects. The purpose of this study was to measure the effects of using the PVR technique as a concept-developing technique for two groups of students learning English as a second language: Deaf American Sign Language (ASL)/English bilingual students and hearing Mexican-American Spanish/English students. Six short science texts, written at the third-grade level, were presented to 12 Deaf ASL/English students and 12 hearing Spanish/English students who were in the third or fourth grade. Some texts were presented with the bilingual PVR method and others with the English read-only method. The texts were counterbalanced to ensure equivalency of difficulty. Five comprehension measures and five mixed designed ANOVAs were used to analyze the data. Means and standard deviations were computed for the demographic data. The results showed that the PVR treatment scores were higher than scores on the English reading texts alone for both deaf and hearing bilingual students. No effects were found on using PVR to increase scores on the inferential question tasks. Teaching and research implications are described.

Acknowledgements

I would like to thank my Committee Chairperson, Dr. Jean Andrews. Without her guidance and endless support, this dissertation would not have been finished. I also especially thank Dr. Laurene Simms for her wonderful ideas on the method. I would like to thank my committee members, Dr. James K. Esser, Dr. Zanthia Smith, and Dr. Mary Anne Gentry, for their feedback.

I would like to thank the Principal, Dr. Pam Shaw, for her assistance in obtaining deaf participants at the Alabama School for the Deaf. I thank each of the parents for allowing their deaf children to participate in the project. I also thank Ms. Monica Ramirez for allowing me to collect data in her Hispanic classes. To Peter Skarp I extend many thanks for signing ASL on the DVD and for other assistance. I thank Rene Pedroza for doing Spanish transcriptions and Kim Hunt for her precise ASL transcriptions. I would like to thank the staff of the Lamar John Gray Center for allowing me to make video clips on I-Movie software.

Special thanks goes to my parents, who have given me their loving support. They encouraged me to attain my goals and provided a wealth of information that will be used to teach future bilingual students.

Finally, I would like to thank the staff of the Department of Communication Disorders and Deaf Education at Lamar University for their assistance throughout the whole process of this dissertation.

List of Tables

List of Figures

Glossary

Academic Language: The kind of formal language that is found in written texts such as science books. Terms such as photosynthesis are not typically used in ordinary social conversations.

Academic Texts: Textbooks used in the classroom for teaching in such fields as social studies, history, geography, and science.

American Sign Language (ASL): The sign language of the deaf community used in America and Canada. ASL has its own unique phonology, semantics, syntax, pragmatics and morphology, all of which differ significantly from these of spoken languages.

Balanced Bilingual: A person who is equally proficient in two languages.

Bilingualism: Defining bilingualism is problematic, since individuals with varying characteristics may be classified as bilingual. One approach is to recognize various categories of bilingualism such as bilingual ability—used of individuals who are fluent in two languages but rarely use both, and bilingual usage—used of individuals who may be less fluent but who use both languages regularly. In addition, determination of bilingual proficiency should include consideration of the four language dimensions—listening, speaking, reading, and writing (Baker, 2001).

Biliteracy: The ability to read and write effectively in two languages.

Center for ASL/English Bilingual Education and Research (CAEBER): A center established in 2000 at the New Mexico School for the Deaf in Santa Fe, New Mexico. The center conducts educational training and applied research in ASL/English bilingualism.

Code-switching: The term used to describe any switch among languages in the course of a conversation, whether at the level of words, sentences, or blocks of speech. Code-switching most often occurs when bilinguals are in the presence of other bilinguals who speak the same languages (Baker & Jones, 1998).

Cognates: Words in different languages related to the same root. For example, English words and Spanish words may have the same Latin root.

Common Underlying Proficiency (CUP): Cummins' theory that two languages work in an integrated manner in one underlying, central thinking system. Skills that are not directly connected to a particular language, such as subtraction, using a computer, or reading may be transferred from one language to another once the concept is understood, since they exist as part of the common proficiency. Skills that are specific to a language (idioms, punctuation) may be kept separate (Baker & Jones, 1998). The opposing theory is Separate Underlying Proficiency (SUP).

Conversational English: English with the usage lead commonly employed in social and informal contexts.

Cross-Language Transfer: Literacy development of bilingual children presents the possibility of transfer across languages: from minority to majority and from majority to minority languages. Proficiencies in first-language literacy (in either the home language or the majority language) can apply to the development of second-language literacy.

Concurrent Translation: A bilingual teaching strategy in which the teacher uses two languages interchangeably during instruction. When not carefully planned, this approach may lead to pedagogically random code-switching, which may not meet instructional objectives. In addition, students often learn to tune out the language they do not understand and wait for the information in the language they do understand (Lessow-Hurley, 1990).

Deaf Bilingual Student: A deaf student who uses two languages for everyday purposes. In the U.S., deaf bilinguals use ASL and English.

Dual Language Program: Also known as two-way immersion or two-way bilingual education, a program designed to serve both language-minority and language-majority students at the same time. Two language groups are put together and instruction is delivered in both languages. For example, in the U.S., native English-speakers might learn Spanish as a foreign language while continuing to develop their English literacy skills. Spanish-speaking ELLs may learn English while developing literacy in Spanish. The goals of such a program are for both groups to become biliterate, succeed academically, and develop cross-cultural understanding.

English as a Second Language (ESL): This is an educational approach in which limited-English-proficient students are instructed in the use of the English language. Their instruction is based on a special curriculum that typically involves little or no use of the native language and is usually taught during specific school periods. For the rest of the school day, students may be placed in mainstream classrooms, an immersion program, or a bilingual program.

English Language Learners (ELLs): Students whose first language is not English and who are in the process of learning English. Unlike other terminology, such as limited-English-proficient, ELLs highlights what these students are accomplishing rather than focusing on their current deficits.

English-Only Movement: An umbrella term that is used to refer to different federal and state legislative initiatives and various national, state, and local organizations, all of which involve the effort to make English the official language of the United States. The initiatives and organizations vary in the degree to which they promote the suppression of non-English languages. The official English movement is spearheaded by two national organizations: U. S. English and English First (Lewelling, 1992).

Etiologies: A term that refers to the causes of hearing loss.

Free Reading: An activity in which children choose to read during their leisure time.

Graphophonic: A term that refers to the sound relationship between the orthography and phonology of a language.

Heritage Language: The language a person regards as his or her native, home, and/or ancestral language. This includes indigenous languages (e. g. Navajo) and in-migrant languages (e. g. Spanish in the U. S.) (Baker, 2000).

Hispanic Bilingual Student: A Hispanic student who uses two languages for everyday purposes. In the U. S., Hispanic bilinguals use Spanish and English.

Home Language: The language a student speaks at home and with family. See also L1 and Native Language.

Interference: The use of a native language pattern or rule which leads to an error or inappropriate form in the target language. Language interference is part of the process of second-language acquisition.

L1 (First Language): Mother tongue (language of origin) or dominant language (the language the person uses the most).

L2 (Second Language): The language a person learned next after learning his or her first language (L1).

Language Interdependence Principle: A theory originated by Jim Cummins. It refers to an underlying cognitive/academic proficiency that is common across languages and that makes possible the transfer of cognitive/academic or literacy-related skills across languages.

Limited English Proficient (LEP): Describes student whose native language is other than English and whose skills in listening, speaking, reading, and writing are so limited that he does not benefit from regular school instruction.

Majority Language: The dominant language of a country.

Metacognitive Awareness: An awareness and knowledge of one's mental or thinking processes. With this awareness, the person can control and monitor his comprehension or understanding of some event or printed text. In reading, metacognitive awareness refers to the reader's ability to make sense of a text and to use reading strategies if comprehension breaks down (e. g. rereading the text, asking an expert, using context clues, and so on).

Metalinguistics Awareness: A conscious awareness of the structure and function of printed and spoken language, and the ability to reflect on language.

Monolingual: Using one language only. In deaf education, the focus has traditionally been monolingual—the teaching only of English.

Native Language: The language a person acquires first in life, or identifies with as a member of an ethnic group (Baker, 2000).

Phonemic Awareness: The awareness of sounds (phonemes) that make up spoken words. In reading, alphabetic letters or letter clusters represent phonemes, and in order to learn the correspondence between letters and sounds, the student must develop phonemic awareness.

Primary Language: The language in which bilingual/multilingual speakers are most fluent, or which they prefer to use. This is not necessarily the language first learned in life (Baker, 2000).

Purposeful Concurrent Usage: A technique developed by Jacobson (1990) that supports the integrated use of two different languages in a lesson. Equal amounts of time are allocated to the two languages. Such a purposeful and structured use of both languages has advantages (heightened comprehension) but also has disadvantages (students tune out their weaker language).

Remedial Programs: Programs provided with instruction to enhance reading, writing, and speaking in English in order to increase the academic achievement of students.

Scaffolding: The teacher or adult structures a learning task and provides directives and clues using dialogue to guide the learner's participation in the learning task.

Semantic Cues: Hints based on meaning that help readers decode and comprehend a text.

Semilingual: Used of bilingual individuals who display the following characteristics in both languages: a small vocabulary, incorrect grammar, necessity for thinking consciously about language production, stilted and uncreative use of each language, and difficulty thinking and expressing emotions in both languages (Skutnabb-Kangas, 1981).

Social English: Spoken English used for conversational or informal purposes. Usually social English is highly contextualized, familiar, and predictable.

Syntactic: The study of the ways in which words combine to form sentences and the rules that govern the formation of sentences.

Target Language: The language that a child is learning as a second language. For English language learners in the U. S. , the target language is English. For native English speakers in dual-language programs, the target language might be Chinese or Spanish.

Threshold Hypothesis (Threshold Theory): Research on thinking and bilingualism suggests two "thresholds", each constituting a level of language competence in the first or second language that must be passed to reach the next level of competence. The three levels are limited bilingual, less balanced bilingual (age-appropriate competence in one language) and balanced bilingual (age-appropriate competence in both languages). The Threshold theory, developed by linguist Jim Cummins, helps to explain why language-minority children taught only through the second language may fail in school and why children educated in developmental bilingual programs may have a cognitive advantage over monolingual students (Baker & Jones, 1998).

Translanguaging: A language teaching technique whereby the input of a lesson is in one language and the output is in another. For example, the teacher teaches science concepts through ASL, then the students write a summary of the lesson in English. Or the students read a passage in English, then engage in a discussion in ASL.

Chapter One Overview

Reading Challenges for English Language Learners (ELLs)

Learning to read English as a second language is a challenge for many English Language Learners (ELLs) in elementary school. The reading task is made complex by myriad factors. These include bilingual students' diverse language and cultural backgrounds. Reading also depends on the English second-language (L2) readers' abilities to think, talk, read, and write in their native language as well as their ability to transfer this knowledge to understanding their second language—English. English L2 readers must also know how and when to use these transfer strategies. To add to the complexity, many English L2 readers attend schools that are poorly funded with limited resources including nonexistent or poorly equipped science laboratories and lack of science books and media in the libraries, as well as lack computer hardware, software, printers, Internet access, and other costly literacy tools. Furthermore, schools may be staffed with inexperienced teachers who lack native proficiency in the student's home language as well as lacking training in bilingual and ESL (English as a second language) methodology.

Science Text Reading

Reading science texts poses special difficulties for many deaf and hearing bilingual students, because the field of science has its own highly specialized vocabulary and concepts (Lang & Steeley, 2003; Hampton & Rodriguez, 2001). Bilingual students may lack experience of and background knowledge about abstract scientific concepts. Hearing bilingual students may have some basic communication skills in English, but when it comes to reading science textbooks, their reading abilities in

English are not sufficiently developed to enable them to grasp the relevant concepts (Carrasquillo & Rodriguez, 2002). Deaf bilingual students may have similar problems of not having background experiences with and access to complex scientific concepts and vocabulary both in their dominant ASL and in English (Lang & Steeley, 2003).

Despite these challenges, when ELL students engage in reading, they bring a wide variation of language and knowledge resources to the classroom. They bring some background knowledge as well as some knowledge of L1 and L2 vocabulary, grammar, and discourse structures. They may have some reading-comprehension strategies in one or both of their languages. This study examined the science-text reading abilities of two populations of ELL students: Deaf ASL/English bilingual students and hearing Mexican-American Spanish/English bilingual students, using the students' native or primary language.

The Application of Terminology for the Populations Studied

There is misunderstanding about the proper labels for bilingual students, and so a brief elaboration was included. For instance, should children who have a hearing loss be termed *deaf*, *hard of hearing*, or *hearing impaired*? Should Spanish-speaking students be labeled as *Hispanic*, *Latino*, *Chicano*, *Mexican-American*, or *South American*? Are these students language deficient (*LEP*, *Least English Proficient*)? Or should we term them *English Language Learners* (*ELLs*)? Labels can project negative attitudes towards our students that can be potentially counterproductive to our instructional efforts.

Take, for example, our first population—deaf students. In lay terms, the public uses the word *deaf* in a narrow sense to describe persons who cannot hear at all. Many medical and audiology professionals are reluctant to use the word *deaf* due to the misinterpretations of that word. But culturally Deaf people have much pride in the term. They prefer to use the term *Deaf*, even if some are audiologically considered to be *partially hearing* or *hard of hearing*. To culturally Deaf people terms such as *hearing-impaired* and *hard of hearing* are offensive. Those Deaf people who consider themselves to be part of the culture are identified as *Deaf* with the upper-case letter D, whereas those who are not affiliated with the Deaf culture are viewed as being just *deaf*, with the lower-case letter. This distinction reflects fundamentally different ways of coping with and feelings about hearing loss (Andrews, Leigh & Weiner, 2004).

Related to language learning, researchers have used different terms to refer to deaf students who use the natural sign language of the Deaf community and those who use a hybrid variety of sign. Deaf students can be designated as *signing deaf students* or *deaf bilinguals* or as *students who use signing bilingualism* (Knight & Swanwick, 2002). Kannapell (1989) categorizes deaf adults in six categories based on their competence in ASL and English: *ASL monolinguals*, *ASL-dominant bilinguals*, *balanced bilinguals*, *English-dominant bilinguals*, *English monolinguals*, and *semilinguals*. Other researchers have used the term *ASL/English deaf bilinguals* to refer to students who use both ASL and English in the classroom (Nover, Andrews, Everhart & Bradford, 2002).

In this study, the Spanish-speaking hearing students were from Mexican-American families. Seven were born in U. S. of Mexican-born parents, and three were born in Mexico. However, there is much debate in the literature as to what to call Spanish/English bilinguals. Much of the debate centers on the use of the term *Hispanic* or *Latino* to represent a Spanish-speaking person. The word Hispanic comes from the word *España*, the name of the country that led the conquest of the New World. The Spanish language and culture have dominated Latin America. The word *Latino* can be traced to ancient Rome and encompasses Latin American countries such as Cuba, Puerto Rico, the Dominican Republic, Mexico, and others (Novas, 1994; Granados, 2000). In this study, the researcher uses the term Hispanic and Latino interchangeably. For the specific sample in the study, the term Mexican-American is used.

Deaf ASL/English Bilingual Students

As has been stated above, if the student has a significant hearing loss and uses American Sign Language (ASL) as a primary language, reading comprehension can be more complex. Nonetheless, there are many adult Deaf bilingual readers who read quite well in English (Andrews & Karlin, 2002). But the fact remains that hearing loss can have a devastating impact on the development of English language and literacy. Consequently, language learning can be a long and arduous task. Many deaf students leave high school with less than a fourth-grade reading level (Traxler, 2000; Gallaudet Research Institute, 2003). Traditional approaches to teaching language and literacy that are designed for auditory-based learners have failed the majority of deaf students (Livingston, 1997; Paul, 2003).

Today, educators are advocating the use of bilingual approaches to the teaching of reading to both hearing and deaf bilingual who learn English as a second language (Baker, 2001; Freeman & Freeman, 1998; Cummins, 2000, Nover et al., 2000). One promising methodology uses the mechanism of transfer. Transfer unlocks the doors of literacy to bilingual children by allowing them to use their first language to understand the second language, English. Linkage of the two languages occurs when bilingual students realize that they can access the same information in both languages. But not all bilingual students—hearing or deaf—have native-like competency in a first language. Further, not all bilingual students have reading-comprehension strategies in their first or primary language (L1) and/or second language (L2). There are also other problematic issues associated with transfer when two very differently structured languages are used, such as American Sign Language (ASL) and English (Mayer & Wells, 1996).

ASL is used by more than 2 million deaf Americans and Canadians (Stokoe, 1960; Emmorey & Lane, 2000). For the most part, deaf children learn ASL from their peers or from other deaf adults, not from their hearing family members. Deaf children learn ASL at different periods of their lives depending on their educational placement and their exposure to ASL through deaf peers or adults. Some deaf students learn ASL in early childhood, others in late childhood, and still others not until their adult years (Johnson & Newport, 1989; Mayberry, 1993). Some deaf persons consider ASL as their stronger, primary, dominant and preferred language because it is fully accessible to them, even though they have learned it relatively late in life.

For deaf children who have deaf parents (10% of the deaf population), it is easy to understand that ASL would be their first language (L1) and English their L2. But this is less clear for those deaf students who have hearing parents (90%). For the majority of deaf students, their language-learning trajectories in either or both languages—ASL and English—are severely delayed and restricted depending on their early language intervention, early school experiences, and family support (see reviews in Andrews, Leigh & Weiner, 2004).

By convention, the language learned first by the child is called L1 and the language learned second is L2. The L1 is often called the mother tongue, home language, or heritage language. Skutnabb-Kangas (1981) uses four criteria of definition for *mother tongue*. The first criterion is origin. Here the L1 is referred to as the language the child learns first. The second criterion is competence. The L1 is the language a person knows best. The third criterion is function. The L1 is the language the child uses the most. The fourth criterion relates to attitudes. The L1 is the language the child identifies with. It is easy to see that deaf children who have deaf parents (comprising 10% of the deaf population) fit neatly into the category of having ASL as their language of origin, competence, and function and the language with which they identify.

But for deaf students with hearing parents, the language of origin is English, even though they may not have full access to the English language due to their hearing loss. They may have learned some English through speech, lipreading, and signing English, but they do not have full command of the English grammatical system, and their vocabularies are poor. Thus their learning of English can be severely restricted and delayed. Because of its visual pathways, ASL is fully accessible to them, and they subsequently learn English as a second language (Mounty, 1986). ASL becomes their preferred, primary, dominant, and most frequently used language. They begin to identify themselves with the deaf community and its use of ASL. Thus, their *mother tongue* changes from English, the first language they were exposed to and the language of their biological families, to ASL—the first language to which they have *full access*.

But the concepts of mother tongue and bilingualism (the use of two languages) for both deaf and hearing persons are not always so clear-cut. Deaf individuals will vary in their age of acquisition and their exposure, as well as their competency and proficiency in both ASL and English. For them, language learning is ongoing and a lifelong endeavor. Their language learning is a mixture of gradual processes that change, depending on their communication needs and communication partners.

Hearing bilinguals, too, will vary widely in their exposure to and proficiency in their native language. Some bring to the U. S. a strong L1, and others come with a weak L1. Regardless, deaf and hearing bilinguals are required to learn to read and write English, and this poses many challenges, particularly in reading comprehension of academic materials like science texts.

Hearing Mexican-American Spanish/English Bilingual Students

There are approximately 47 million children who come from families that do not speak English. In the U. S. , the majority of these English Language Learners (ELLs) are Hispanic. There are approximately 35 million students who use Spanish at home. But some Spanish-speaking children have weak, underdeveloped oral and reading and writing skills in Spanish. They have difficulty transferring these skills to the learning of their second language, English. Some Hispanic families may not expose their children to high academic levels of the Spanish language in the home. Furthermore, bilingual teachers who may be fluent in conversational Spanish may also have weak academic Spanish skills. Thus, the bilingual child may not be exposed to high levels of academic Spanish either at home or at school.

How can teachers assist their bilingual students in comprehending science concepts? One approach has involved presenting the science material in the two languages: (1) the students' native, dominant, or preferred language and (2) the students' weaker or second language. The stronger L1 is used to support the students' learning of the second language. Many bilingual teachers already do just this. They informally use both languages in the lesson. In other words, they frequently go back and forth between the students' first and second language (English) in their teaching. For instance, they discuss a concept in the child's native, dominant, or preferred language, then follow up by discussing the concept in English so that the child gets both languages in the lesson. There has been little empirical research examining this practice.

The purpose of this study was to investigate the ways in which deaf and hearing bilingual students comprehend science texts using two languages. Specifically, the researcher empirically tested the bilingual learning methodology Preview-View-Review (PVR) with deaf ASL/English bilingual students and hearing Mexican-American Spanish/English bilingual students using a preview in the students' first language, reading the science expository texts in the second language (English), and a follow-up discussion in the students' first language. A retelling task was utilized to measure the students' comprehension of the science passages. PVR is essentially a transfer technique whereby the teacher provides a summary or lesson using the student's stronger, dominant language (Preview). The student then reads a text in English that covers the same content (View). In the third step, the teacher engages the student in a discussion of the concepts shared in the first language and read in the second language. The teacher may also give a summary of key points and ask the student comprehension questions (Freeman & Freeman, 1998). PVR differs from bilingual methodologies such as the concurrent approach in that it is structured and systematic and presents larger chunks of information in each language. Concurrent translation or the using of two languages in the classroom can be haphazard or random. This study investigated the effects of the PVR methodology on the comprehension of science texts by elementary deaf and hearing students.

Chapter Two Review of Literature

Introduction

Whether a student is monolingual or bilingual, reading an academic text such as a science book can be difficult. Both English L1 (first language) readers and English L2 (second language) readers have difficulty acquiring sufficient background knowledge to understand abstract science concepts as well as having difficulty understanding the specialized science vocabulary found in these texts (Fradd, Sutman, Lee & Saxton, 2001).

In this study the researcher examined how English L2 readers comprehended science texts using a transfer bilingual methodology called Preview-View-Review (PVR). To lay the foundation for this study, the following topics were reviewed:

1) The changing demographics of deaf and hearing English L2 readers

2) Deaf and hearing bilinguals: A comparison

3) Methodological wars in deaf education and bilingual education

4) Research on reading comprehension of monolingual L1 English readers

5) Research on reading comprehension of deaf and hearing bilingual L2 English readers

6) Reading comprehension and science

7) The promise of utilizing bilingual education and the Preview-View-Review (PVR) method to comprehend science textbooks

8) The history of the PVR method in general education, bilingual education, and deaf education

Finally, the researcher has proposed three research questions in order to test the PVR method empirically with two groups of bilingual English L2 readers: deaf ASL/English and hearing Mexican-American Spanish/English language learners.

Changing Demographics

Deaf ASL/English Bilinguals

Approximately 2 million deaf people in the U. S. and Canada use American Sign Language (ASL) as their primary language. ASL is the third most used and fastest growing language in the United States (Lane, Hoffmeister & Bahan, 1996). However, little data exist on the patterns of use of ASL in the classroom by deaf students. In a 1982—1983 survey, two-thirds of the students were reported to use signs and to attend schools where signs were used. About 35 percent of the deaf students reported in the study were from families that used sign to communicate in the home. However, the use of signing does not always mean ASL. Some students and teachers used hybrid varieties of signing such as contact signing or one of the many manual codes of English (Jordan & Karchmer, 1986).

Hearing Mexican-American Spanish/English Bilinguals

Hispanic or Latino children currently constitute the largest group of ethnic minority students in U. S. schools, calculated at 13. 5% of the total school-age population (NAEP, 2000). By the year 2050 it is estimated that Latinos will account for about one fourth of the U. S. Population (Day, 1996 in Godina, 2004). Individuals of Mexican background represent 21. 6 million of the 32 million Latinos living in the U. S. under achievement plagues Latino students. For instance, the Hispanic dropout rate is about 28 percent (National Center for Education Statistics, 2001). In addition, many Latino youth may come to school with weak speaking and literacy skills in both Spanish and English. Schools for the most part do not continue the students' development in Spanish literacy. For these students with a weak first language (L1), acquiring English is especially difficult (Garcia, 1999).

Deaf and Hearing Bilinguals: A Comparison

As was stated in Chapter 1, deaf children are different from other bilinguals in that they do not acquire their sign language from their parents, unless they have deaf parents. Furthermore, deaf persons learn sign language on different timetables. They may learn it in early childhood, late childhood, early adulthood, or even late adulthood. About 90% of deaf individuals are born into hearing families where English is the primary language. However, spoken English is not fully accessible to them because of their hearing loss. Most deaf individuals, then, learn ASL in school or at the workplace. ASL becomes their primary language because it is the first language that is fully-visually-accessible to them (Johnson & Newport, 1989; Mayberry, 1993). These students learn English as a second language and share many of the language-learning characteristics of other bilingual hearing learners of English as a second language (Grosjean, 1998). Deaf children grow up to be deaf bilinguals who use ASL and English in their everyday lives. They differ widely in their proficiency in each of the languages. But by the nature of their deafness, they need both languages to function in interacting with other deaf people and with hearing people (Grosjean, 1998).

Like deaf bilinguals, hearing Spanish bilinguals are linguistically and culturally diverse. They vary in the number of years they have been in the U. S. and in the kind of schooling they have received in Mexico or other Hispanic countries. They vary in their parents' use of Spanish and English in the home. These background variables significantly affect their learning of English as a second language.

At school, bilingual students' native Spanish is often devalued. Similarly, deaf bilinguals' ASL is often devalued by schoolteachers and administrators because of their lack of understanding of this complex, visual-gestural language (Andrews et al., 2004). Bilingual students are frequently subjected to negative attitudes toward their primary language, and this may negatively impact their learning of English as a second language.

ASL/English deaf bilinguals and Spanish/English hearing bilinguals are similar in that they often struggle for many years to learn English as a second language. Many never become balanced bilinguals. But many do develop a functional proficiency in their L1 (Spanish or ASL) and their L2 (English). They grow up to use both languages in their everyday lives. There is some concern in the Hispanic community that many Hispanic youths are losing their heritage Spanish language because they are not learning it in school. Hispanic youths are also influenced by the American English-speaking culture at large. In fact, there are many students with Hispanic surnames that do not know Spanish at all because of their parents' choice not to use Spanish in the home. Furthermore, the schools may not offer Spanish instruction past elementary school (Krashen, 1996).

Spanish hearing bilinguals and deaf bilinguals often suffer from underachievement in English literacy at school. They are often placed in remedial programs to learn English rather than put in classes where they can learn real-life literacy skills (Grosjean, 1998). School libraries may lack materials, books, and media for deaf and hearing bilinguals. For instance, libraries may not have many Spanish books for hearing bilinguals to read. Similarly, schools for the deaf may not have enough ASL videotapes, CD-ROMs and DVD instructional materials. For older deaf students there are few ASL materials, as most have been produced for the primary-level students (Bahan & Nover, 2005).

Both deaf and hearing bilinguals may mix the grammars of their native ASL or Spanish with English. For instance, deaf bilinguals may mix their ASL grammar with English grammar in their speech and writing (Charrow, 1981). Spanish bilinguals also may mix their Spanish grammar with English grammar in their speech and writing. But this kind of cross-language transfer or interference is part of the process that many individuals go through when acquiring a second language (August & Hakuta, 1997).

Methodological Wars in Deaf Education and Bilingual Education

The Oral-Manual Controversy

Deaf and hearing bilingual students have been caught in methodological wars promoted by policymakers, school administrators, and teachers. In deaf education, the oral-manual controversy created factions in the field whereby deaf children were not allowed to use sign language and speech was emphasized as the mode of communication. This historically heated debate continued up until the 1970's (Winefield, 1987; Nover, 2000). However, today there are a variety of programs using different methodologies for deaf children. For example, there are monolingual oral-aural programs which exclusively use speech and audition. There are also language-mixing schools which use total communication. Total communication is a philosophy that uses both speech and signs for communication. This is also called Simultaneous Communication (Sim-Com). Practitioners vary in their definitions of total communication. Some teachers believe that total communication can include the use of

ASL, manual codes of English, fingerspelling, gestures, listening, speech, drawing, and writing. Others hold a more restricted use of the term to mean using signs and speech at the same time. There are also bilingual programs that use ASL as the language of instruction and where English is taught as second language (Nover et al., 2002).

Caught in the Crossfire

Jim Cummins, the bilingual researcher, titles one of his books *Language, Power and Pedagogy: Bilingual Children Caught in the Crossfire*. Cummins states that bilingual students are often caught in the crossfire when politicians and professionals argue about how bilingual students are to be taught and how programs are to be organized (Cummins, 2000).

Bilingual education has an interesting history in the U. S. When public schools were first set up in the U. S., there were many bilingual schools, especially those for children from German-speaking immigrants. All of this changed after World War Ⅰ, as anti-German sentiment increased. But due to the influx of Mexican-Americans to California and other states and the influence of the Civil Rights movement, bilingual education became popular in the 1960's (Lessow-Herley, 1990). The Bilingual Act of 1968 provided Federal funding for bilingual education. The Court's decision in the Lau v. Nichols case (1974) required schools to take steps to overcome language barriers that denied access to the curriculum for Chinese-Americans and other non-English-speaking children in the U. S. This was followed by the Equal Educational Opportunity Act of 1974. But this situation changed with the rise of anti-bilingual sentiment in the 1980's, when immigration increased dramatically in the U. S. A political faction pursued Official English and English Only campaigns. Proponents of the English-Only movement claimed to fear a breakdown in the process of assimilation for immigrants coming to the U. S. They portrayed language restriction as a patriotic movement whose purpose was solely to protect the common bond of using English in America (Schmid, 1992).

The English-Only movement is an umbrella term for federal and state legislation and organizations that aim to make English the official language of the U. S. It includes two national organizations: U. S. English and English First (Baker & Jones, 1998).

Propositions 227, passed in 1998 in California, virtually outlawed bilingual education in this state with high demographics of immigrant children, especially from Spanish-speaking homes. There is a possibility that more states will follow California's lead in banning native languages of immigrant children in the schools (Krashen, 2002).

As an alternative to the English-Only movement, there has emerged the English-Plus movement. This group advocates a philosophy of inclusion and openness toward linguistic minority groups. Its proponents advocate the preservation of languages and cultures brought to the U. S. It also emphasizes the positive aspects of knowing a second language and celebrates the contributions that language-minority groups have had on many fields including international commerce, diplomacy, and the military (Combs, 1992).

The debate over initiatives to make English the official language has also impacted the deaf community (Lucas, 1992). The beginnings of deaf education in the U. S. began in 1817 when Laurent Clerc, a French deaf man, and Thomas Hopkins Gallaudet started the first school for the deaf, the American School for the Deaf in Hartford, Connecticut. Clerc and Gallaudet were the first deaf-hearing bilingual teaching team in the U. S. They used a combination of natural French sign language, invented signs that were used to represent written French, and the indigenous American Sign Language found here in America. A series of events such as the Council of Milan in 1880 and the policies of administrators in schools for the deaf, however, decided that oralism or the teaching of speech was preferable to using the language of signs. Thus, the teaching of English speech became the dominant philosophy, and this dictated language policies. In the 1970's, sign language was re-introduced into the schools through Total Communication. In this method, a combination of speech and signs were utilized (Nover, 2000).

Lucas (1992) states the following:

The English-Only movement gives fuel to exactly what has failed in deaf education, that is, the insistence on using English to the exclusion of ASL. It places in jeopardy what may be the best solution: early acquisition of ASL, and education through ASL, combined with English-as-a-second-language instruction. (P. 383)

Lucas (1992) also points out that ASL is the preferred language of most deaf people and that English-only legislation raises additional questions in the area of sign- language interpreting. With such English-only legislation, deaf people would have difficulty receiving information in the language of their choice for medical, legal, educational, and personal purposes. The English Language Amendment may very well restrict deaf persons' access to ASL.

Politics notwithstanding, deaf and hearing bilingual students still face significant obstacles in learning to read English as second language. Their language-learning trajectories are different, in that hearing bilinguals have access to spoken language and usually learn their primary language (Spanish) from their parents. Deaf and hearing bilinguals are similar in that they face political pressures nationwide as well as school-wide because of the methodological wars related to the use of their primary language and the question of how English should be taught. Both groups also face obstacles due to the nature of the complexity of the reading-comprehension process, particularly reading English as a second language.

Research on the Effectiveness of Bilingual Programs

Reading Comprehension of Monolingual L1 English Readers

Reading comprehension is a major concern in education for monolingual English readers, especially in the area of academic subjects such as science. Most experts agree that there are valid fundamental principles in beginning reading in L1, such as alphabetics (phonemic awareness and phonics), fluency, vocabulary, and comprehension (National Reading Panel, 2000).

Reading is defined as the construction of meaning from print (Goodman, 1967). The reader uses linguistic cueing systems such as graphophonic, syntactic, and semantic cues. Readers also use psychological strategies such as sampling the text, predicting, confirming, and integrating their understanding as they interact with print (Goodman, 1967; Freeman & Freeman, 2005). Reading involves simultaneous coordination of cognitive, linguistic, and sociocultural skills.

Models of reading characterize reading skills as concept driven and top-down. The reader also uses his or her background knowledge and knowledge of text types to comprehend meaning. In other words, readers must infer or fill in information that is not explicitly stated in the text using their background knowledge, including knowledge gained from other texts (Freeman & Freeman, 2005). In order to increase reading skills, students need access to books and a lot of time to read, as well as opportunities to respond to reading in different ways by comparing themes, genres, subject matters, and types of expository and narrative texts including drama, video, and movie scripts.

But readers also must use specific reading skills such as word identification. These are bottom-up or part-to-whole skills that are part of the reading-comprehension process. Today researchers generally agree that readers both use top-down (whole-language to part-language) and bottom-up (part-language to whole-language) strategies when comprehending or getting meaning from print.

Reading Comprehension of Deaf L2 English Readers

Many deaf bilingual adults do learn to read, enjoy higher education, and are employed in professional jobs where they use sign language and English literacy daily (Andrews & Karlin, 2002). But if one looks at the average standardized-test scores overall for the deaf school-age population, from increasingly multiethnic and non-English-speaking homes, one sees that the median reading level for 17-and 18-year-olds is at the fourth-grade level of an eight-to nine-year-old hearing student (Traxler, 2000). Further, about 30% of deaf students leave school functionally illiterate, reading at an average 2.8 grade level. Only 10% of deaf 18-year-olds reach tenth grade or better reading levels. In school, the average deaf child increases his reading level about 0.3 grade level per year, while in comparison, most public-school monolingual hearing students increase 1.0 grade level per year (Paul, 2003).

Deaf students have difficulty acquiring English literacy skills for a variety of reasons based on their lack of access to both spoken and signed languages. Deaf readers are learning a language and learning how to read at the same time (Paul, 2003). In addition, deaf students come from diverse linguistic and cultural backgrounds. They vary in how extensive early home literacy experiences they have had of being read to, practicing writing, and having discussions about print. They may not have had access to books they can comprehend, nor may they have had skilled reading teachers at school to show them how to read.

In addition, reading ability and reading disability can be related to etiologies of hearing loss. These etiologies may result in impulse disorders, behavioral problems, memory-processing deficits, dyslexia, attention deficit/hyperactivity disorder

(ADHD), visual problems, and language and learning disabilities—all of which can affect the child's ability to learn to read and write (Vernon & Andrews, 1990). Nonetheless, biology is only part of the picture. Environment plays a critical role, too—what families do at home with reading and how the classroom teacher presents the reading lessons at school affect the students' reading abilities.

Researchers have shown that deaf readers have difficulties in the areas of phonemic awareness (Harris & Beech, 1998). They have deficits in vocabulary such as recognizing multiple-meaning words, idioms, and figurative language (Paul, 2003; Payne & Quigley, 1987). They have difficulties with the grammar or syntax of texts (Kelly, 1996; Quigley & Kretchmer, 1986). They may bring only limited background knowledge, prior experiences, metalinguistics awareness, and metacognitive awareness to the reading task (Strassman, 1997; Paul, 2003). Deaf readers have difficulty in comprehending texts at the skill level (identification of vocabulary) and at the text level (comprehending complete texts) (Kelly, 1996; Paul, 2003).

Deaf L2 English Readers (ASL/English)

There exists some research on developing reading-comprehension strategies for deaf bilingual readers (see Schirmer, 2000 for a review of these techniques). Some researchers recommend that the teachers use prereading activities in ASL before deaf bilingual students read a story. Schirmer (2000) reviews studies showing that building background knowledge is the first step for students' reading effectively with understanding.

Prince and Mancus (1987) found that reconciled reading lessons improved story comprehension of forty-five children in grades one through five. Graves, Cooke, and Laberge (1983) found that previews of reading lesson improved seventh and eighth graders' comprehension and recall of printed texts. Preview is a valuable strategy for deaf children preparing to read an expository text. Studies on other deaf children have shown that the use of ASL to build background knowledge during prereading activities resulted in improvement in reading comprehension (Andrews, Winograd & DeVille, 1996)

Hearing L2 English Readers (*Spanish/English*)

Hispanic or Latino students, especially those from Spanish-speaking homes, lag behind in academic achievement, particularly language arts and reading (Hardin, 2001). The National Assessment of Education Progress (NAEP) showed that only a small percentage of Hispanic students are reading at advanced levels in grades 2, 4, and 12, and 1% in grade 8 (NAEP, 2000). But studies have shown that students who read well in their native language read well in the second language as well (Cummins, 2000; Jimenez, Garcia, & Pearson, 1996).

Learning to read a second language can have different meanings. For example, a bilingual student learning to read English as second language is different from a college student learning to read a second language to meet his or her foreign-language requirement (Pang & Kamil, 2004). The instructional strategies will be different as well. There is much diverse opinion about the best ways to teach English L2 readers. Some research has taken an ESL approach to L2 reading. Other research has looked at cross-linguistic approaches to derive general principles of L2 reading acquisition. Most research done in the U. S. on L2 reading acquisition is related to Spanish-English bilingual students.

Researchers caution against using models for teaching reading to bilingual (two-language) students that are based on monolingual (one-language) models of reading. Furthermore, the research is not conclusive on the effects of L2 oral proficiency on the development of L2 literacy in bilingual children. In other words, children may not have to have spoken skills in English to learn to read English. Some researchers claim that comprehension instruction should not be delayed if the bilinguals student has weak L2 oral proficiency. Instead, reading instruction should be based on cognitive strategies and strategic processes that address issues in the cognitive reading processes for both languages (Pang & Kamil, 2004).

Muniz-Swicegood (1994) reported that third-grade bilingual students who were randomly assigned to receive instruction through metacognition reading strategies improved in their overall reading performance in both Spanish and English. The bilingual students were taught how to ask questions during the Spanish reading instruction. The instruction was in Spanish, but positive effects were noted in both

Spanish and English reading test scores.

Jimenez, Garcia and Pearson (1996) comment that the two most important problems facing Latino readers are limited vocabulary and the lack of extended time needed to learn a second language sufficiently to achieve academic success. Even though syntax is also a problem, vocabulary is the most frequently faced obstacle by bilingual readers. When Spanish/English bilingual students encounter vocabulary on achievement tests, they often underperformed because of their limited language proficiency.

Another issue reported by Jimenez related to L2 reading concerns the time needed to learn a second language. Academic mastery of second language takes a large amount of time. Collier and her associates have reported that it takes 3 to 5 years to acquire spoken language proficiency and 7 to 12 years to acquire academic language proficiency in the second language. The author states that to expect minority children from language-minority communities to acquire a second language in two to three years is not realistic (Jimenez, 1994).

Jimenez et al. (1996) researched the metacognitive reading strategies of 14 sixth-and seventh-grade students from three school districts. The researchers divided the students into three groups: 8 students who were successful readers, 3 readers who were marginally successful, and 3 monolingual Anglo students who were successful English readers. They used a prior-knowledge assessment, a background questionnaire, think-aloud assessment, text retellings, and an interview protocol to determine what strategies they were using. The authors concluded that successful bilingual readers had developed a bilingual reading schema, which incorporated knowledge about the reading process, about strategies, and about cross-linguistic transference and procedures for trying out strategies when reading in Spanish and English. Successful bilingual readers could discuss their strategies such as questioning, rereading, and the use of prior-knowledge. Less successful readers could not analyze their comprehension strategies. Successful bilingual readers mentioned strategies such as using cognates and translating. Effective bilingual readers translated from their stronger to their weaker language. They were aware of the positive relationship between Spanish and English, and they viewed their L1 as being helpful to use in L2 reading. Less successful L2 readers were more inclined to view their L1 as an obstacle to second-language reading. The authors also concluded that the idea of knowledge transfer is used as a justification for bilingual education, but seldom are teachers given strategies to employ in using it with language-minority students.

Hardin (2001) examined the reading strategies and problem-solving behaviors of successful bilingual readers. A total of 50 Latino bilingual students in the fourth grade were studied. The students were interviewed on their perceptions of reading and the reading process in two languages. Hardin examined what comprehension strategies students used to read expository material in their native and in their second language. He also examined how they transferred these strategies across the languages. He found that L2 oral proficiency was only one determinant of L2 reading comprehension. Over 60% of the students reported that they thought Spanish would be useful for them in English learning. All students engaged in the use of cognitive reading strategies and conceptualized reading as a meaning-making activity. Advanced and average bilingual readers used similar strategies when reading in English and in Spanish. The results suggest that strategic behaviors in L2 reading do not depend only on L2 oral proficiency and that strategy use in the primary language provides for strategic L2 behaviors. The author suggests that reading comprehension for L2 readers should integrate reading comprehension with linguistic elements rather than developing oral L2 skills first and delaying comprehension instruction until after L2 oral proficiency is obtained.

There are also sociocultural factors in L2 reading development. These include the status of the majority-language/minority-status matter. As was mentioned above, Spanish may be undervalued in some hearing bilingual classrooms, and ASL may be undervalued in some deaf-education classrooms. Sociocultural factors also include home discourse patterns and the mismatch between the home language and the school language. All of these sociocultural factors affect the acquisition of L2 English literacy (Pang & Kamil, 2004).

How are bilingual children typically instructed in literacy? Many bilingual programs with Spanish-speaking children will emphasize bottom-up approaches (part-language to whole-language) using phonics instruction, worksheets, drill, and practice, along with basal reading materials. Decoding skills are emphasized first, with comprehension instruction being taught later. In some studies it has been shown that much of the reading instruction for bilingual children was passive in nature and did not promote complex language development or higher-order thinking skills (Garcia, 1999).

Pang and Kamil (2004) provide an overview of four models or approaches for the L1-L2 relationship in literacy development. In model 1 (L2 threshold model), the teacher develops the L2 oral proficiency before introducing L2 literacy. Students are asked to listen and speak English prior to learning to read it. This is based on the premise that oral language can be mapped onto a written language. Yet research does not tell us how much L2 oral language proficiency is needed. The second model, the knowledge-transfer model, holds that teaching children to read, write, and learn content in L1 can help them develop cognitively as they are developing L2 skills. Late-exit bilingual programs adopt this model. However, such transfer may not occur automatically unless there is some instruction, at least for struggling L2 English readers (Jimenez et al. , 1996). The third model is called the interdependency model. In this model, characteristic of the two-way immersion bilingual program, the underlying premise is that L1 and L2 literacy are interdependent. This model maintains the L1 while developing L2 language and literacy. In the fourth model, the teachers develop L2 literacy explicitly through systematic instruction in reading skills while building on the child's background knowledge, bilingual ability, and L1 literacy skills. Teachers can focus on the modeling of cross-linguistic strategies such as cognate recognition, translation, and codeswitching. These strategies were found to be used by successful bilingual hearing readers (Jimenez et al. , 1996) and successful deaf readers (Andrews & Karlin, 2002).

Another researcher states that teachers need to provide explicit instruction in vocabulary by providing extended discussion of new vocabulary words. There should be a long-term approach to literacy instruction to give students more time. Instruction should be designed to facilitate transfer. But teachers need to understand that not all strategies necessary for comprehending English text can be transferred and that these must be identified by the instructor and taught to the bilingual L2 English reader (Jimenez, 1994).

While researchers have examined the difficulties deaf and hearing readers have in comprehending English print in general, there has been limited work on understanding how bilingual students comprehend science materials. Not only does the bilingual student have to learn the content of the science concepts and processes, but he also must learn about science in a language in which he is not proficient.

Reading Comprehension and Science for Deaf Bilingual Students

Harry Lang and his associates have written extensively on the need for a higher quality of science instruction for deaf students that emphasizes visual learning, science literacy, hands-on science, active involvement, and cognitive engagement (Lang & Steely, 2003; Yore, 2000; Lang & Albertini, 2001). Researchers have also developed ASL glossaries for science content words using multimedia and signing avatars to assist deaf students in comprehending English in their science materials. Projects like the Jason Project have involved classrooms of deaf students in projects where they follow scientists around the globe as they do their scientific research. Captioned movies and the use of sign-language interpreters have made these science materials and media accessible to deaf students.

Science Instruction for Hearing Bilingual Students

Similar work has been done with hearing bilingual students. For instance, Hampton & Rodriguez (2001) investigated the value of using a hands-on, inquiring science curriculum in the classroom with fifth-grade students who were developing second-language skills in English along with primary-language skills in Spanish. Half of the instruction was in Spanish and half in English. Using an attitude assessment and written assessments from 107 fifth-graders, it was determined that there were strong positive feelings about the inquiry approach for increasing the students' skills in both Spanish and English. The inquiry curriculum used in this research was designed to engage students in science thinking processes. The goal of the program was for the students to develop concepts in science through their own questioning and investigation. The authors concluded that lack of English skills is a barrier to the inquiry method when it is delivered only in English. In classrooms where the teacher does not know the home language of the students, this can be a barrier to the students' understanding of science concepts.

In another study, Amaral, Garrison and Klentschy (2002) examined teachers who received training in inquiry-based science instruction for sixth-grade students in

California. Data were collected to measure the students' achievements in science, writing, reading, and mathematics. Results indicated that students who were enrolled in the program longer had the higher scores in science, writing, reading, and mathematics. Teachers were also observed. Teachers in the bilingual classrooms often introduced a topic for the day in Spanish. During the unit, the teacher distributed materials written in English but used Spanish to check the students' comprehension. The teacher would often ask the students questions (given in Spanish) and write them in English on the overhead. Students were expected to master the work in English, but they were allowed to use their Spanish to understand as well as to rely on peer assistance with translation. These strategies cited above have been developed for good reasons, in that science textbooks are inherently challenging to read for English L2 readers.

Specific Reading-Comprehension Challenges of Science Textbooks

The written language of science textbooks, even at the elementary level, is specialized and abstract. Many L2 learners, both deaf and hearing, have difficulty comprehending them. Written English is the symbolization of sounds of the spoken English language. In the process of reading, the elementary student must decode these words. The reader will translate the written symbols into speech, and the speech into meaning. Deaf children may convert the written English into signs, but many times they may lack an understanding of multiple-meaning words, as is indicated below. The following section, taken from a fifth-grade science book, illustrates the difficulties that both deaf and hearing L2 English readers would have (Scott Foresman Science, 2003, p. C10).

Crust, Mantle, Core

You learned a little about the lithosphere—the hard outer shell of the earth. Now pretend you have an imaginary ship that can move safely down into the earth. Get ready to explore what's beneath your school. Follow along on the diagram of the earth below.

English L2 readers would have difficulty with this paragraph for many reasons. In the title, the words crust, mantle, and core have science meanings that are different from their use in everyday conversation. For example, students may be familiar with the word crust in ordinary expressions such as pizza crust, pie crust, or crusty infected eye. The words shell, mantle, and core have multiple meanings depending on the context. The word lithosphere is an academic science word not used in ordinary conversation. Students would need direct instruction for this word. Furthermore, the paragraph asks the readers to pretend they are on a ship and will go on a trip beneath the earth's crust and beneath their school. This is a highly abstract concept and may pose difficulty for the L2 reader.

The chapter that contains the above paragraph is also filled with verb particles such as *make up*, *plunge into*, and *looking down*, which are shown to be problematic for deaf readers (Payne & Quigley, 1987). The chapter is also filled with complex, compound, and compound-complex sentences that may be difficult. Relative clauses and "that" complements pose comprehension difficulty for deaf readers. They have difficulty in reading English questions. Question formation is a difficult syntactic structure. The chapter is also filled with the *be* verb construction. Deaf students have difficulty understanding the *be* verb and all its variations related to verb tense and number. Deaf L2 readers have difficulty with time concepts. Take the sentence, *As you plunge into the earth, you enter the outer layer, or crust.* The words *as you*... can be translated to *when or at the same time as* (Paul, 2003).

Deaf readers also have difficulty following a sequence of directions. Throughout the chapter, the reader is asked to follow the author as he/she takes a "trip" through the earth core. English L2 readers may have difficulty in understanding this underlying concept or metaphor, which binds the whole chapter together. English L2 readers may interpret the trip into the earth's center literally rather than as an imaginary trip and think that of course he/she would die if they took a trip into the earth, as it is too hot there.

Furthermore, authors of science textbooks organize information in different formats such as drawings, photographs, graphs, charts, bold print, sidebars, and tables. English L2 readers may be overwhelmed when they open their science textbook and see captioned pictures, diagrams, tables of data, and so on. They may need their teacher to explain all the meanings that are packed into a science lesson.

Bilingual Education and Methodology

The field of bilingual education holds promise in providing methodology for students to use in order to read their science textbooks. Specifically, the Preview-View-Review technique could be used. PVR is a transfer method in which the teacher uses the students' primary language upon which to build background knowledge and concepts. The students can then be led to comprehend the same content presented in their weaker or second language—English. Before discussing the history of the PVR method, the researcher provides a background over bilingual education in general and ASL/English bilingual education for deaf students in particular.

Bilingual Education in General

Bilingual programs have been formally available since 1968 with the passage of the Bilingual Education Act (August & Hakuta, 1997). For many years it was commonly believed that bilingualism had a negative impact on children's cognitive and academic abilities. They would become *cognitively confused* if they were permitted to use two languages. Current research shows that bilingualism can lead to increased intelligence, cognitive flexibility, creativity, and increased metacognitive and metalinguistic awareness because the student can think and communicate in both languages. Similarly, research with deaf children of deaf parents shows that these young deaf bilingual children have marked advantages in cognition, creativity, and language (Hamers, 1998).

Bilingual Programs for Hearing Students

There is much debate about the various types of bilingual programs. There are ten varieties of bilingual education, including different forms of "strong" bilingual education, where the use of both languages is encouraged. Immersion, Developmental Maintenance/Heritage Language, and Two-Way/Dual Language are the best-known forms of strong bilingual education. Immersion bilingual programs started in Canada, but this form is used worldwide (Baker, 2000). These programs are geared for majority-language children learning in a second language. Dual Language programs have grown in the U. S. where majority-language and minority-language children are mixed in the classroom (Baker, 2000). The varieties of strong bilingual programs differ as to the amount of time allocated to each language in the classroom, but full bilingualism and biliteracy is the end goal. Weak forms of bilingual education include Submersion (structured immersion), Submersion with withdrawal or sheltered classes, Segregationist, Transitional, Mainstream (with foreign-language teaching), and Separatist programs such as dual-language, early-and late-exit, and maintenance programs (Baker, 2000; Cummins, 2000).

Research that has scientifically compared the effectiveness of bilingual programs has been mixed. However, studies have shown that bilingual programs that are well run provide many benefits. Thomas and Collier (1995) reported that bilingual children do best in two-way or dual-language bilingual programs, learning alongside English speakers who are acquiring Spanish. Earlier critics had found flaws in bilingual programs (Rossell & Baker, 1996). But other studies have shown that the Rossell and Baker study included bilingual programs that were not set up properly, so that their critique of bilingual programs was flawed (Krashen, 1996). Meta-analysis, a method that examines and weights numerous variables in each study, has yielded more positive findings about bilingual education than about English-Only programs for bilingual children (Greene, 1998; Willig, 1985).

Bilingual Programs for Deaf Students

Using bilingual methods is not new in deaf education (Nover, 2000). Since the earliest schools for the deaf established in the late 1800's, teachers have used ASL as the language of instruction and have taught reading and writing as a second language. In the 1900's, however, a historical change occurred when many schools changed to oralism or speech-only approaches. In the 1970's, with the advent of Total Communication and other combined methods, signing was reintroduced into the schools (Nover, 2000; Andrews et al., 2004).

Since the 1990's there has been attention focused on setting up bilingual programs for deaf children (Strong, 1995; LaSasso & Lollis, 2003). This was largely due to the developing database on the advantages possessed by deaf children of deaf parents who have acquired ASL in infancy. There was also an emerging database that showed a strong link between ASL skills and English literacy skills (Padden & Ramsey, 1998; Prinz & Strong, 1998; Singleton, Supalla, Litchfield & Scheley, 1998).

Today, about 19 state residential schools for the deaf in the U. S. , including charter schools, use ASL as the language of instruction and teach English as a second language (Nover, 2005). However, most deaf children are educated in public schools, which use manual codes of English or a language-mixing approach to language instruction (Andrews et al. , 2004).

Since 1997, Dr. Steve Nover and his colleagues at the Center for American Sign Language and English Bilingual Education and Research (CAEBER) at the New Mexico School for the Deaf in Santa Fe have involved more than 300 teachers at 19 institutions, including preservice programs at 5 universities, in investigating the use of ASL/English bilingual educational strategies with deaf children (Nover, 2005). Preliminary results show that deaf children who are exposed to signing in their homes, attend preschools that emphasize signing, and are enrolled in schools that use ASL/English bilingual methodologies have higher literacy scores than students who do not have these early advantages. Nover and his colleagues are focusing primarily on teacher training at the inservice and preservice levels (Nover, 2005).

Theories That Have Fueled the Hearing and Deaf Bilingual Education Debate

Research has shown that effective bilingual programs have the following characteristics: subject-matter instruction in the native language, first-language literacy development, and comprehensible input in English (Krashen & Biber, 1988). Three theories that have also been linked to benefits in bilingual education are Cummins' Language Interdependence Model, Cummins' Threshold Model, and Krashen's notion of Comprehensible Input (Baker, 2001).

It is commonly believed among bilingual proponents that the student's primary language (L1) and English (L2) should be used but separated throughout the school day. The language should be allocated by the teacher depending on the students' backgrounds as well as the teacher's purpose for the lesson (Baker,

2001). It is also believed that literacy instruction in L1 builds an underlying and conceptual proficiency related to the students' L2 development (Cummins, 2000). This Language Interdependence principle postulates that instruction that promotes proficiency in L1 will result in a transfer to L2, provided the student is given adequate exposure and motivation to learn English (Krashen, 1996).

The notions of conversational and academic language can be overlapping. By separating them, we can gain insights into the difficulties experienced by students who learn English as a second language. Based on the research of other cognitive scientists, Cummins (2000) has constructed a visual metaphor to explain the distinction between acquiring social English and acquiring the more abstract and complex academic English found in textbooks. This concept has conceptual as well as practical importance, as it explains how we can best expose and teach English to deaf and hearing bilinguals.

Cummins (2000) uses the acronym BICS to designate the term conversational language proficiency or basic interpersonal communication skills. He coined the term CALP (cognitive academic language proficiency). Conversational English is highly contextualized and routine speech such as "Hello, how are you?" and "What is your name?" Academic language is the language of the classroom and includes the technical vocabulary found in concepts and in content-area textbooks and report writing (e. g. science terms such as photosynthesis, black hole, and so on). Many hearing bilinguals easily acquire social English but experience difficulty in acquiring both English and Spanish academic language.

This paradigm (Cummins' BICS/CALP) consists of two intersecting continuums that characterize academic or school language according to the degree of cognitive demand that is placed on the learner. Language tasks vary in this respect. For example, copying a list of vocabulary words is not as cognitively demanding as composing a paragraph. In addition, each language task is characterized by a degree of conceptualization that can vary depending on the way the task is presented to the learner. Guerrero (1997, p. 67) gives a vivid science example. He says that reading about metamorphosis in a science text is not as contextualized as directly observing the actual transformation of butterflies or frogs.

In Figure 1, we show the differences between social language and academic language in students' L1 (primary language) and between their social English and academic English (L2) and provide the reader with concrete examples. We note that spoken English and ASL can be social or academic. For instance, a spoken conversation in English about the weather can be social; a lecture about photosynthesis is academic. Similarly, an ASL conversation about the weather can be social, whereas a lecture about the grammar of ASL can be academic. Teachers often specify the use of English for academic subjects and underutilize ASL in the delivery of academic content. Deaf and hearing bilingual readers experience challenges when reading their textbooks in English. Furthermore, many hearing Spanish/English hearing bilinguals may not have the academic Spanish skills (oral and/or written) upon which to bridge to English. Similarly, deaf students may not have the academic ASL skills to bridge to English. This is not only an ELLs' issue. Hearing bilingual teachers may not have academic Spanish proficiency (Guerrero, 1997); bilingual teachers of deaf students may not have ASL proficiency (Andrews, Leigh & Weiner, 2004).

Social-American Sign Language (ASL) or Spanish	Social-English
Interacting in discussions with informal topics (e. g. weather, news, food) Brainstorming in small or large groups (e. g. storytelling, planning activities) Playing and participating in interactive games (e. g. handshapes, signs, board games) or in Spanish	Typing in informal contexts (e. g. diary, food orders, passes, friendly letters, notes) Fingerspelling/fingerreading for social purposes (e. g. names of people, places, unknown signs) Writing notes (e. g. personal, conversational)
Academic-American Sign Language (ASL) or Spanish	Academic-English
Engaging in discussions on content topics, facts, predictions, inferential and critical information/questions (e. g. literature, exposition) Translating ASL to English and English to ASL (or Spanish to English and English to Spanish) Planning and making presentations (e. g. role-playing, drama, student organizations)	Writing (e. g. language experience stories, journals, presentations, reports, business letters) Monitoring and evaluation skills (e. g. word choice, semantics) Fingerspelling (receptive and expressive) for academic purposes (e. g. target vocabulary) Accessing information on the Internet

Figure 1. Social vs. Academic Languages: ASL (or Spanish) and English (Cummins, 2000; Nover et al., 2002).

Cummins (2000) extends the BICS/CALP visual metaphor and takes into account the variables of contextual support and cognitive involvement. See Figure 2. Cummins and others have postulated that knowledge, competency, and type of exposure in one language can affect the acquisition and development of concepts in a second language (i. e. the Interdependency Model for L1 and L2 acquisition).

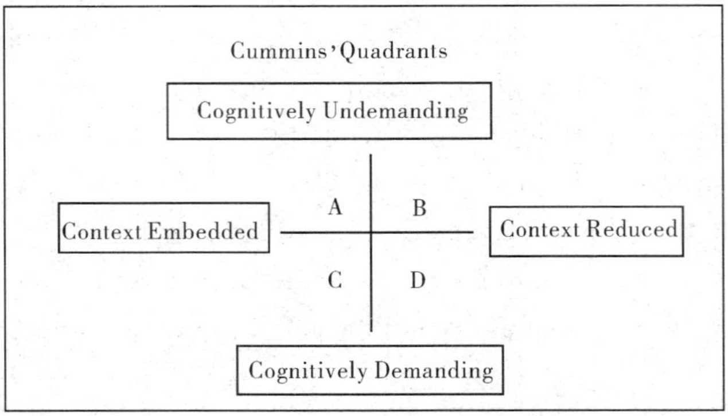

Figure 2. Range of Contextual Support and Degree of Cognitive Involvement in Language Tasks and Activities (Cummins, 2000; adapted for deaf students by Nover et al., 2002).

Hearing bilinguals can draw from their first-language proficiencies to assist them in acquiring English as a second language. They typically pick up conversational English spontaneously on the playground, during organized sports, and from television and radio. Teachers can use these English conversational skills for instruction in school (quadrant A) providing a lot of support such as a picture or a language-experience event. Hearing bilinguals can build upon the conversational English skills they have acquired to support their learning of the more complex academic English skills (in quadrants B—D).

This process is vastly different for the deaf bilingual. While the hearing bilingual can go from quadrant A to D in his first language (Spanish), then use this to acquire English as a second language, the English exposure is not the same for deaf bilinguals. Deaf students use conversational or social English in fundamentally different ways—through email, TTY calls, captioned TV, or note writing. For deaf students, social or conversational English essentially involves reading and writing.

Even simple writing—at the word or phrase level—is still challenging work. The deaf bilingual must think about composing his or her ideas, translating them into English, and figuring out spelling, grammar, and punctuation. This is just to have a social conversation in writing, using English. Thus, for deaf bilinguals, we have a blurring of the conversational-academic distinction. The demands of reading and writing become more complex when deaf students must use these skills as a main source for receiving information about their academic subjects in school. Deaf students, unlike hearing bilingual students, must constantly make increased efforts in order to acquire English primarily through the channels of reading and writing. Deaf bilinguals are immersed into academic English tasks such as reading lessons or compositional lessons without having the benefit of a strong conversational-English base. Expectations are for deaf bilinguals to perform as well as hearing monolinguals on standardized achievement tests without having equal access to English (Nover et al., 2000).

To add complexity to this matter of language transfer and linguistic interdependence (Cummins, 2000), ASL does not have a widely used written form. ① Spanish-speaking bilingual children who learn to read their first language, Spanish, have the advantage of transferring these skills to their learning to read English through the use of cognates (*historia—history*; *carne—carnivorous*) (Jimenez, Garcia, & Pearson, 1994). Such language transfer is related to Cummins' (2000) Language Interdependence theory. But researchers caution that lessons should be carefully sequenced. Further, the teacher needs to scaffold the students' learning of English with their native language (Freeman & Freeman, 2005). Language should be taught through content subject areas, and it should be increasingly cognitive by demanding, taking into account the students' Common Underlying Language Proficiency (CUP) (Cummins, 2000; Baker, 2001). The challenge occurs if the students are not given opportunities to build up their native language or their second language. When this situation occurs, students do not acquire enough language proficiency to reach high levels of bilingualism (Cummins' Threshold Hypothesis). Such limited bilingualism can result in negative cognitive effects. But

① There have been attempts at creating and using a sign writing system for deaf students, but these practices are not widespread.

students developing high levels of bilingualism will show positive cognitive effects (Cummins, 2000; Baker, 2001). If programs are set up correctly, children receive academic content in their primary language, and they are also provided instruction in their second language (English). As children acquire more English and learn academics through their first language, subject matter is gradually introduced in English as it is made comprehensible. Krashen terms this idea as providing *comprehensible input* (Krashen, 1996).

Bilingual theories and theories as intuitive as they may appear, only scratch the surface of what bilingual students need in terms of language and literacy learning. Bilingual students also need a wide support system made up of a critical mass of same-age and cross-age peers and adults, bilingual teachers, books, and media in their primary language as well as dual-language materials.

Need for a Critical Mass in Bilingual Programs

Language learning depends largely on a community of users who are at the same level and above the level of the language learner. In other words, students need a critical mass of same-age and older peers and adults who can communicate with them using their primary and secondary languages. Dual-language programs where there are large groups of Spanish primary-language speakers and trained Spanish/English bilingual teachers have the critical mass necessary for Spanish and English acquisition. But dual-language programs are few. Most bilingual programs in the U. S. today require the bilingual child to transition into English-only classrooms in one to three years. Thus, for most of their school careers, most hearing bilingual children in the mainstream classroom do not have access to peers and adults who use their Spanish or other primary language. Especially in rural areas such as the U. S. Midwest, groups of English L2 learners may be isolated from peers and adults who use their primary language. In some special cases, the school district may hire parents or aides to assist who speak the child's primary language, but this bilingual resource is not always available (Baker, 2000).

The critical-mass situation is similar with deaf children. Prior to 1975 the majority of deaf children were educated in state schools for the deaf, which had a critical mass. Today, less than 30 percent of school-age deaf children go to these schools. Instead, with the passage of PL 94—142 and IDEA, most deaf and hard-of-hearing children now attend their neighborhood schools. The intent of the law was to give deaf children a free and appropriate public education alongside their non-disabled peers. Unfortunately, the situation in many cases may create isolated deaf students whose only communicating companions are their sign-language interpreters (Andrews, Leigh & Weiner, 2004). This circumstance often has negative consequences for the deaf children's development of sign language as well as their development of their second language, English.

In addition, many parents of deaf children may opt not to use sign language in the home. This may cause further delays in language acquisition. Most deaf children learn sign language from their peers or deaf adults later in their school careers. In some cases this delay of signing can lead to severe social, psychological, and emotional delays for the deaf child (Andrews et al., 2004).

Need for Trained Bilingual Teachers

There are also issues in the training of teachers and its impact on student language achievement. For instance, there is a need for teachers to have training in bilingual methodologies as well as in L2 reading instruction (Pang & Kamil, 2004).

Spanish/English Bilingual Teachers

Bilingual teachers nationwide are in short supply (Barron & Menken, 2002). School districts in Texas reported a shortage of 2,906 teachers at the elementary levels and 26% vacancies at the secondary level in bilingual and ESL programs (Texas A&M University, 2002, cited in Barron & Menken, 2002).

There is a need in bilingual education for more trained Spanish/English bilingual teachers who are proficient in academic Spanish (Guerrero, 1997). This is a matter of concern because of the growing evidence of positive student outcomes from programs that use the native language of Spanish-speaking families. Native or near-native language proficiency is needed to generate the higher patterns of academic achievement reported in studies supporting dual-language programs (Guerrero, 1997; Thomas & Collier, 1997). However, the reality is that many bilingual teachers who have Spanish surnames and are users of Spanish have not had Spanish-language role models and have not been adequately prepared to use Spanish across the curriculum (Guerrero, 1997).

Furthermore, parents may decide not to transmit the Spanish language to their infants and toddlers prior to school (Guerrero, 1997; Wong Fillmore, 1991). These early years are critical to first-and second-language acquisition. But parents may have had negative experiences growing up using Spanish and difficulty learning English for job positions, so that they decide to withhold the transmission of Spanish in their families (Guerrero, 1997).

Another factor is the lack of bilingual programs at the high-school level. Most schools transition their bilingual students during the primary years into English-only classrooms. Thus teachers and students do not have opportunities to develop proficiency in academic Spanish. For these reasons, prospective bilingual teachers do not arrive at teacher-training institution with years of experience using academic Spanish. They may lack a foundation in Spanish academic-language experiences. While they may have maintained an oral proficiency in Spanish, they may lack proficiency in Spanish literacy and Spanish academic language. This sociolinguistic outcome of their early and late school experiences affects their effectiveness as bilingual teachers. This raises the critical question whether bilingual-education teacher training can make up for lost linguistic ground of prospective bilingual teachers in their development of science registers in Spanish.

ASL/English Bilingual Teachers

There is also a need to prepare more ASL/English bilingual teachers who are proficient in both languages (Nover, et al., 2002). Most hearing and some deaf teachers learn ASL in adulthood. They learn ASL as second language and may lack proficiency in academic ASL. A survey has shown that only 16% of teachers of deaf children are deaf or hard of hearing, but this still does not ensure that they are proficient in both ASL and English.

Deaf teachers have faced discrimination historically in obtaining teaching and administrative positions in schools for the deaf. This situation is changing slowly, with recent increases in deaf preservice school enrollments (Andrews & Jordan, 1993). However, even among the deaf preservice student population, many of them acquired ASL later in childhood and adulthood, and hence they lack proficiency in ASL. They may be able to communicate with deaf students at the conversational level for social purposes but may lack advanced skills in ASL necessary for teaching in content areas such as science, mathematics, and social studies. To add complexity, many young deaf children are taught by teachers who have weak skills in ASL, particularly in the preschool years during the critical period of language acquisition (Shantie & Hoffmeister, 2000).

Not only is there a need for more bilingual teachers (ASL/English and Spanish/English); there is a need for bilingual students to have more access to free-reading materials and media in their primary languages—Spanish and ASL.

Access to Free-Reading Spanish Materials

The research above points to the importance of primary-language literacy development as a vehicle that can provide a foundation for L2 literacy. The notion of free-reading is important for both L1 literacy development and L2 literacy development. Free reading is reading that students do outside of their classroom work (Goodman, 1967; Krashen, 1987). However, there is a lack of availability of free-reading materials in Spanish in elementary-and middle-school libraries (Pucci, 1994).

Pucci visited and surveyed nine school and community libraries in the Greater Los Angeles area. She found that not only were there few free-reading materials in Spanish, but many libraries restricted students from checking out Spanish books. Also, the attitude of the schools was more positive towards English free-reading materials, and this influenced the students' book-borrowing behaviors. The author suggests that school and community libraries make more effort in providing free-reading materials for both L1 and L2 literacy development.

Access to Free-Reading ASL Materials and Media

There is also a lack of ASL videotapes and DVDs that enable deaf students to access their primary language (ASL). While the field of ASL literature, made up of ASL stories, folk tales, poetry, and narrative is growing, there is only a limited quantity of materials that are available to the public through CD-ROM and DVD media. Furthermore, CD-ROMs and DVDs are expensive and are not readily accessible to deaf and hard-of-hearing students in school libraries and at home.

With the increasing prevalence of VCR/DVD players and computers in homes and schools, this situation could change. More research is needed in this area (Nover, 2005).

Access to Dual-Language Books in Libraries

Even in schools where there is a critical mass of students and trained bilingual teachers, students may not have enough access to books, magazines, and other resources needed for primary-language literacy development. There may also be a lack of dual-language materials. Dual-language materials include books, CD/DVDs, and videotapes where stories or informational texts are presented in two languages. For instance, there can take the form of English written on one side of the page and Spanish on the other, sharing the same picture (Baker, 2001).

Since the 1980's an increasing number of books that include more than one language have been published in the U. S. While most bilingual books are intended for the large Hispanic population, U. S. publishers are beginning to produce books that include texts in Chinese, Korean, Vietnamese, and Urdu (Ernst-Slavit & Mulhern, 2003).

Dual-language materials can also take the form of a section of text written in English with a link to an ASL movie at the word, phrase, sentence, or text level, depending on the design (Andrews & Jordan, 1998). ① Deaf signing students need access to dual-language materials made up of entertaining stories in ASL on CD/DVD or video with translations in English texts. They also need texts and ASL videos that give thorough and explicit explanations of the grammar of both ASL and English. Teachers need to explain to deaf students how the two languages are similar and different by discussing their linguistic features. This is a critical aspect of bilingualism, because these explanations will allow deaf student to develop their

---

① There is also a project in Norway that explains how signing texts are developed from written texts (http://www. signingbooks. org/index. htm). With increased bandwidth and internet speeds on the web, these tools and products will be soon more accessible across the Internet (see for example, www. homework. lamar. edu). There are other projects at www. wpsd. org/content/projects/studentwork/movies.

codeswitching abilities, which will assist them in becoming balanced bilinguals (Andrews & Jordan, 1998).

Pedagogical Solution: PVR

A promising bilingual teaching methodology in the literature for English L2 learners—deaf and hearing—is the use of Preview-View-Review. The PVR method is hardly new to bilingual education. In fact, it has its early roots in regular education, particularly science education.

A History of PVR

The PVR strategy has a history in the learning process as a study skill under the term of advanced organizers (Ausubel, 1960). Advanced organizers are visual techniques used to prepare students for their lessons by giving them a flowchart, semantic web, picture, figure, or table or conducting a discussion about the complex content that will occur in the actual lesson. Ausubel (1960) proposed that learners can comprehend new material better when the teacher provides a clear statement about the purpose of the lesson and information for learners to read. PVR relies on building background knowledge prior to the reading lesson.

The Role of Background Knowledge in Reading Comprehension

Carrell and Floyd (1987) pointed out that the ESL teacher must teach the student how to build bridges between existing knowledge and new knowledge. One very popular kind of pre-reading task is "brainstorming" (Wallace, 1992). A number of organized pre-reading approaches and methods have been proposed in the literature for reading through activation of background knowledge (Ajideh, 2003).

Background knowledge consists of life experiences. This includes one's familial experiences and literary background. It also includes world knowledge, particularly the understanding one has about the world and those around one (Fountas & Pinnell, 2001). Studies have found that utilizing background knowledge in connection with the text assists readers in comprehension (Tierney & Cunningham,

1984). Tierney and Cunningham discussed the benefits of building background knowledge. This is a key to success in reading comprehension. It is especially critical for second-language learners learning in English. Such prior knowledge serves as a link between the story and the child's primary language, thus facilitating comprehension and learning. They suggested using pre-reading activities that focus on building background knowledge by previewing content and activating existing schemata, or knowledge already stored in the memory.

Purdue University professors have developed a webpage to describe the Preview-View-Review technique as a study skill for students majoring in the sciences. This technique is recommended as a study skill. It is usually conducted in *one language*. The *preview* stage is a lesson that prepares the student's mind for the upcoming material by utilizing a summary before giving them a chapter or text to read (the *view* section). The purpose of the *preview* is to let the students' minds get a flavor of what is to come before reading the actual text. During the *preview*, the student will activate his or her background knowledge on the topic. The *preview* can take many forms. It can be skimming the actual chapter, looking at a visual or picture, looking at figures or tables, or having a class discussion with classmates on what they know about the topic. The third step, the *review*, refers to a process of refreshing in the student's mind what has been read in the *view* section. The review can happen more than one time. But each review should be short—5 to 10 minutes. The objective of the *review* is to activate the memory about what has been read and comprehended (http://web.ics.purdue.edu/~rallrich/learn/preview.html).

A Definition of PVR as Applied to Bilingual Education

Used in bilingual education, PVR utilizes a transfer mechanism whereby teachers give the preview in the minority language and then the fuller review in the majority language because the prior knowledge is established in the child's minority language (Jacobson, 1990; Lessow-Hurley, 1990; Baker & Jones, 1998; Freeman & Freeman, 1998, 2000, 2001, 2005; Baker, 2001; Brice, 2002; Ovando, Collier & Combs, 2003).

Not all bilingual researchers agree on a definition of PVR. Various examples are presented below. The bilingual educators Freeman & Freeman (1998) discuss the PVR technique broadly. Freeman and Freeman say, "One way to embed language in context is to provide the kind of extralinguistic support found in authentic language use" (p. 76). According to their definition, in the *preview* stage the teacher gives an overview of the lesson or activity in the students' first language. This could be an oral summary, reading a book, showing a film, asking a key question, and so on. In the *view* stage, the teacher teaches the lesson or directs the activity in the students' second language. In the *review* stage, the teacher or the students summarize key ideas and raise questions about the lesson in their first language (Freeman & Freeman, 1998).

The PVR method is believed to be superior to methods that simplify texts from complex syntax to simpler syntax. For instance, many bilingual teachers working with deaf or hearing students will often simplify a text or water the content down because of the L2 English reader's difficulties in comprehending English. But this procedure is counterproductive. It results in inauthentic language. Also, it restricts the cues that children can get from the context of the passage. In other words, rewriting complex English reading materials and simplifying the syntax may in fact impede reading comprehension for both hearing and deaf L2 English readers (Ewoldt, 1983; Freeman & Freeman, 1998).

Freeman and Freeman (2001, 2005) further elaborate in subsequent publications on the PVR method. The PVR method helps both teacher and learner in the process of teaching and learning a second or a third language. It is a technique that builds concepts and skills in both languages through previewing in the first language, reading in the second language, and discussing concepts and the second language while using the first language.

However, it was noted in the literature that the boundaries between the two languages are not always strictly binding within the PVR steps. For example, in Freeman and Freeman (2000) the authors discuss how in the *preview* stage, students and teacher will focus on using the students' first language (Spanish) but may introduce some English reading or questions in this stage. In the *view* stage, students and teachers primarily focus on the English or second language, but Spanish questioning by the students is permitted. In the final *review* stage, while the focus is on using Spanish in summarizing what the students have learned, teachers can also interject the use of English writing as a summarization tool (Freeman & Freeman, 2000).

Still another variation of the PVR method is presented by Ovando, Collier and Combs (2003, p. 248). In this approach, called *preview-review*, the teacher introduces the mathematics or science lesson in one language and presents the body of the lesson in the second language. In the *preview* section the teacher uses the students' dominant language to make sure that they understand the concepts and vocabulary to be presented in the main lesson. For instance, part of the *preview* of an elementary science lesson to be presented in English on the measurement of temperatures might include an explanation in Korean of the meaning of such English words as increase and decrease. After the main body of the lesson is completed, the lesson could be reviewed in either language—Korean or English—depending on the dominant language of the bilingual students. The point to be made here is that the PVR relegates the languages to each section by primarily focusing on the one language. This does not mean that students and teachers cannot codeswitch to English during the Preview or the Review sections. The method involves a separation of the languages but allows flexibility in how much of each language is used and when.

Baker (2001) also presents his definition of the PVR strategy. The preview is given in the minority language and then the fuller review is given in the majority language. For example, the topic is introduced to establish prior knowledge in the student's minority language to give him or her initial understanding. Then the subject matter is considered in greater detail in the majority language. This process may be reversed. This technique provides an extension and reinforcement of ideas by moving from one language to another. But Baker (p. 279) cautions that with this method "there is sometimes unnecessary duplication and a slow momentum".

PVR and Its Application to Bilingual Teaching

The PVR method, as employed in this study, uses the two languages separately. Both languages are used in fairly equal amounts. Preview-review involves the presentation of subject matter to whole classes or groups of students, and one of its distinct advantages is that the two languages are not used concurrently, with equal time theoretically devoted to each language (Legaretta-Marcaida, 1981). In order to implement this technique, the class is separated into dominant language groupings, where a synopsis of the content is previewed in order to build background knowledge in the primary language.

Swaffar et al. (1991) pointed out the benefits of a previewing technique that allows students to formulate hypotheses about the text. The aim of previewing is to help readers predict or make educated guesses about what is in the text and thus to activate effective top-down processing for reading comprehension.

Participation and involvement with the support of the teacher reflect Vygotsky's (1978) theory that children learn best through social interactions. The idea of quality social interactions between teacher and student is essential to another Vygotsky concept—ZPD. ZPD is a term which refers to a level or zone between the point at which a child can perform a task with adult guidance and the point at which the child is able to perform that same task independently. With appropriate and quality teaching/interaction from a teacher to fill the gap in a child's ZPD, children can accomplish tasks or acquire new information. For the PVR method, the teacher can scaffold to the student's ZPD, giving just enough background information and summary to enable the student to comprehend the text as well as accomplish related tasks independently.

PVR Use in Bilingual Education with Disabled Students

The PVR technique has also been advocated as a strategy to be used with ELLs (English Language Learners) who have disabilities such as mental retardation or learning disabilities by using the students' native language during instruction (Roseberry-McKibbin, 1995). PVR is considered to be an accommodation and modification for disabled students. Previewing requires the student to get an overview of the content or skill to be learned, which is presented in his native language. Viewing involves going through the material with assistance to facilitate comprehension. Reviewing requires the student to go over what has been taught, summarizing, answering questions, and utilizing or discussing the material (Roseberry-McKibbin, 1995).

Empirical Research Using PVR

Ulanoff and Pucci (1993) compared the use of two English-as-a-second-language (ESL) methodologies: concurrent translation and the PVR method. The participants were 60 native Spanish-speaking third-grade students of mixed Spanish and English reading skills. They were divided into three groups. Group 1 (n=16) was a control group. Group 2 (n = 21) was taught using the concurrent translation method. Group 3 (n=23) was taught using the *preview-view-review* method. All students had the same teacher. Pre-and post-tests of vocabulary acquisition were administered and analyzed. The results of the study showed that the children learned and retained more vocabulary using the PVR method.

The Use of PVR with Deaf Students

A technique similar to PVR used with deaf students is called the ASL summary technique (Andrews, Winograd & DeVille, 1994). The ASL summary technique is similar to the PVR technique in that it uses the preview and view steps. However, it does not use the *review* or final step. For instance, in the ASL summary technique, the teacher signed a summary of a fable in ASL (much like the *preview* step). Then the student read the fable in English (*view* step). The student was then asked to retell the story, and he or she was given a grade on his quantity and quality of reading comprehension based on retelling scores and a comprehension question related to understanding the moral lesson of the fable. This research showed that when children are taught with the ASL summary technique, their retelling scores (a measure of comprehension) increased.

PVR as described by Freeman and Freeman (1998) and others may very well be a more effective language-learning technique than the Andrews et al. (1996) ASL summary technique. In the PVR method the student receives more content support. In the final step (*review*), the reader sees the information in his first or stronger language before being asked to retell the story.

Other reading researchers have found that using ASL summaries improved the reading performance of deaf students. For instance, Brown, Fisher, and Janus

(1991) asked 40 deaf adults to read and retell stories. The researchers found that those who chose to tell the stories in ASL were more explicit in rendering story details. The researcher concluded that deaf students' understanding of the English text was most developed when students were allowed to see the story in ASL.

Nover and his associates have been experimenting with the PVR strategy with deaf students in K-12 settings (Nover et al., 2002). The teacher presents a summary or an introduction to a topic in ASL (*preview*). The purpose of the *preview* step is to build background knowledge, stimulate interest, and teach new concepts using ASL. This step also allows the teacher to establish a purpose for the reading and helps students focus on the reading of a text that contains new ideas. It also motivates them to want to read in a second language and assists them in making predictions with English print.

In the second step, the student reads the text in English print. This is the *view* step, which presents a more in-depth treatment of the content than the *preview*. In the view step the student is immersed in the printed English content. This facilitates the student's acquisition and learning of the second language using the content of the subject matter.

In the third step (*review*), the teacher summarizes, retells, or highlights key points of the information using ASL. The student describes key vocabulary and concepts, poses and answers questions, summarizes the content, and confirms his predictions using his stronger, dominant, or first language, ASL.

Alternatively, depending on the teacher's purpose in the lesson, the preview step can be conducted in student's second language (English), the *view* section in his first language (ASL), and the review section in his second language (English).

Here are examples from a teacher at a deaf school who was involved in the ASL/English Bilingual project. This is her application of PVR in the teaching of science.

Case Study: Teacher 1

One of my examples of the Preview, View, Review activity that I use with preschoolers is described below. PREVIEW: Tell a story of the Rainbow Fish in ASL (primary language). VIEW: After the students dictate the story of the Rainbow Fish through their drawings, I write down their expressive part on their drawings in English (second language which is English). REVIEW: I interpret the written part of their expressive part in their primary language (ASL). In addition, I review the story and ask questions.

Here is what another teacher wrote about her use of the PVR with deaf students.

Case Study: Teacher 2

First we talked about what we knew about farms (... via ASL) why farms are important, what you would expect to find on a farm, what farm states are like etc. Next I used pictures from a book to introduce various types of farms. We made a web of types of farms... I filled in the web on the board... we focused on dairy farms... students learned words in English (stanchion, dairy, skim, udder, etc) and practiced spelling the words... after the milking demonstration we discussed in ASL what we learned... we used English to write thank you letters to the people who brought the cow... a nice mix of "talk" and "write" about it.

Here is what another teacher of deaf students in the science classroom wrote about her use of the PVR method.

Case Study: Teacher 3

In science, I preview most topics by using ASL to summarize the concept/content. Included in the summary are pictures, videodisc slides, and sometimes acting out the concept. It is important that students have a clear background understanding of the content in ASL prior to viewing it in English... after I have finished the preview the concept should be clear in the students' minds. Then they are reading to view the concept in written English. Activities I use to view the material in English include reading the chapter in the textbook, reading a written summary of the chapter in the textbook, reading a written summary of the chapter, answering written questions over the concept, writing a summary of the concept. Following the viewing *of the lesson will be a summary in ASL. I recently did an activity that fit this model. We were studying the food chain so I brought in owl pellets for the class to examine. First we saw a film on owls, their characteristics and how pellets are formed. Following the film I summarized it with a discussion in ASL. I also brought in models of owls and a sample of different pellets. Then in partners, the students dissected the pellets—classifying the different skeletons they found. Following all of those preview activities we shifted to English. The class read several articles on owls, highlighting the relevant information and or-*

ganizing it into an outline. Then they wrote a one-page paper on owls using the writing process. We summarized the activity by inviting the class of first grade students to the room where my students explained in ASL about owls and how pellets are formed. Then the younger students and older students discussed owl pellets together, discussing what they found. This summarizing activity in ASL reinforced the concept and developed expressive ASL at the same time.

Here is how another teacher of deaf students explained how she used PVR in a reading class.

Case Study: Teacher 4

Include telling the story in ASL before they saw the video, including the most important concepts of the story. Then, we would watch the episode with the English captions. Then we would wrap up the lesson with review questions posed in ASL.

And this is how her students responded.

We were pleasantly surprised at the reaction... the kids pointed out aspects we had mentioned in the ASL explanation and noticed more details that we had not mentioned... they were more responsive when we asked them to review the questions in ASL. Their answers were lengthier, with details showing their observations.

But teachers were not always positive. One teacher had some concerns about the PVR method.

Case Study: Teacher 5

My concern with summarizing before the chapter is that I'm not sure if their discussion and work is based on my summary. Did they actually read the chapter for themselves? Something to consider would be to include questions where the answers were not from the summary. Something I plan to try.

Limitations of PVR

Researchers have acknowledged that a limitation of PVR is that there is oftentimes unnecessary duplication and a slowing down of the momentum of the class. When the same subject is repeated in a different language, some students may not pay attention to the second or their weaker language (Baker & Jones, 1998). However, for many students, summarizing the concepts in the students' first language is often necessary for them to grasp the concepts.

For children who are L2 English, acquiring a high level of literacy is dependent on the acquisition of both of their languages. Many students who are from Spanish-speaking families or who are recent immigrants from non-English-speaking countries may experience difficulties in English reading comprehension. Their textbooks in content areas such as science are too difficult to read. In the researcher's analyses of science textbooks at the third-grade level, she found six passages that were written at the fifth-, sixth-, and eighth-grade levels (McGraw-Hill Science, 2000). It is clear that ESL students need supportive lessons to assist them in comprehending material written in English reading levels above their functioning level.

Summary of Significant Findings

1. Nationwide, L2 English readers are increasing in numbers in the schools.
2. Deaf and hearing bilinguals have similar language-learning paths.
3. Both deaf and hearing bilinguals struggle to learn English as a second language in science texts.
4. In the case of reading comprehension of science materials, L2 readers have difficulty with the technical science concepts and vocabulary.
5. There is a need for additional bilingual teachers and primary-language materials, as well as dual-language materials and media for science instruction.
6. Bilingual education theories and methodologies hold promise for assisting English L2 readers in comprehending science texts.
7. Cummins and Krashen provided several important theories such as Language Interdependence, the Threshold hypothesis, and Comprehensible Input that can guide the bilingual teacher.
8. Bilingual children need more than bilingual theories. They need a critical mass of language users, trained teachers in bilingual methodology, books and media in their primary language, and dual-language materials.
9. A bilingual education pedagogical solution is the PVR method.
10. PVR is an important strategy to build concepts in two languages by using the first language to build concepts, the second language to read print, and the first language again for discussion. The three steps build concepts and skills in both lan-

guages.

11. This chapter describes the history of the PVR technique as it is used in general education, bilingual education, special education, and deaf education.

Based on this review of literature, this research empirically tested the use of PVR with deaf ASL/English bilingual and hearing Mexican-American Spanish/English bilingual readers.

Research Questions

The following research questions have been addressed.

1. Did the PVR technique increase the *quantity* of the bilingual students' retelling scores when reading and discussing a science text?

2. Did the PVR technique increase the *quality* of the bilingual students' retelling scores when reading and discussing a science text?

It could very well be that providing any additional support such as the *preview-view-review* technique would increase the students' retelling scores. In addition, if a comprehension question was asked of students that tapped into their understanding of some idea of the text that was not explicitly stated, then the researcher could further determine if this technique assisted in the readers' comprehension of an inferential answer. Thus, a third research question was formulated.

3. Did the PVR technique assist the reader in answering an inferential question (not explicitly stated either in the text or in the ASL/Spanish preview and review) in the science text?

Chapter Three Methods

This study investigated the effect of the bilingual strategy preview-view-review (PVR) on the comprehension of science texts by deaf ASL/English bilingual students and hearing Mexican-American English/Spanish bilingual students. This chapter will discuss the background of the research participants and the methodology of the investigation, including materials, procedures, and measures, and will describe how the data were analyzed.

The Researcher and Research Assistants

In order to conduct and complete the analyses for this study, a team of deaf and hearing bilingual assistants was recruited. The team consisted of nine deaf native users of ASL and eight hearing-speaking native users of Spanish. The primary investigator is deaf and a fluent user of Chinese Sign Language (CSL) and American Sign Language (ASL). Under the direction of the primary researcher, two research assistants helped with the experimental procedure (PVR). One was a native-born deaf signer with four years of teaching experience. The other was a native Spanish-speaking teacher with five years of classroom experience.

Traditionally, bilingual students, whether they are deaf or hearing, are typically compared to native-born English-speaking monolingual students on measures of English reading comprehension. This is unfair. The monolingual hearing students receive much more exposure to spoken and written English than either hearing or deaf bilingual students. As a result, bilingual children typically do not do as well on measures of reading comprehension in the elementary grades compared with monolingual English-speaking children (Cummins, 2000; Nover et al., 2002). To avoid this common pitfall, the researcher utilized the retelling scores and inferential-question answer scores of deaf adult graduate students as the comparison data set for the scores of the young deaf readers in this study. In addition, she utilized seven Spanish-speaking adult graduate students as a comparison group for the young Spanish readers. Thus, the scores of the young deaf and hearing bilingual students were compared to those of adult native users of their respective languages to get a more authentic picture of the bilingual elementary-school students' reading-comprehension performance.

Research Participants

Two groups of elementary-school student readers were tested. Twelve participants were deaf and attended the Alabama School for the Deaf in Talladega. The Alabama School is a residential school for the deaf which enrolls approximately 250 students. The language policy of the school is the ASL/English bilingual approach. Teachers use ASL as the language of instruction and teach English as a second language. The majority of the faculty and administration have been trained in ASL/English bilingual methodologies. Thirty percent of the faculty are deaf.

Regarding the deaf student participants, eleven of them were from hearing families. Based on teacher and student interviews, it was determined that ASL was their primary language and English was their second language. Student background variables were also collected such as ethnicity, age, gender, hearing loss, age of onset, years using ASL, IQ, reading grade level, parent hearing status, and the number of years enrolled in the residential school. Student retelling scores on the reading tasks were then analyzed in terms of these student background variables.

A second comparison group consisted of twelve hearing Mexican-American Spanish-speaking bilingual students from a bilingual elementary school, Fletcher Elementary School, located in Beaumont, Texas. Fletcher Elementary is a bilingual school under the jurisdiction of the Beaumont Independent School District. According to 2002 statistics, Beaumont has a population of about 113, 866, of which 7. 9 percent are Hispanic (http://beaumont. yptexas. com/demographics. html). Fletcher Elementary School has approximately 512 students. The ethnic breakdown is 74. 4% Mexican-American, 21. 4% Black, 1. 1% White, and 3. 0% Asian (School District data: http://www. beaumont. k12. tx. us/Fletcher/our%20school. htm). Fletcher has two kinds of programs for Spanish/English students. It has a bilingual program and an ESL program. There are six bilingual classes at Fletcher in levels K-5. The other classes utilize an ESL framework. One half of all the teachers at Fletcher are ESL certified. The ESL program at Fletcher is not a pull-out program. Students are mainstreamed, and the certified ESL teacher provides instruction and grouping as needed within the mainstream class.

In the bilingual program at Fletcher, the teachers follow the Texas Essential Knowledge and Skills (TEKS) curriculum developed by the Texas Education Agency (TEA). The objectives are written in Spanish. The TEKS curriculum is written in English. The teacher, who is bilingual and who has a bilingual degree or bilingual education endorsement, is responsible for translating the TEA curriculum as well as for developing Spanish teaching materials to supplement commercially sold Spanish materials. Textbooks are also provided that are written in Spanish. The students are tested every six weeks in Spanish. In the bilingual program, the academic content is taught using primarily Spanish. If the children in the bilingual class achieve a certain score on an English oral proficiency exam, they may be moved into the ESL classes.

The ESL (English as a Second Language) class is taught in English. The teacher uses English and may not know any Spanish. The teacher also follows the same curriculum as the regular classes. However, the pace of the content may be slower, and the teacher is provided with more time to cover the information. When children in the ESL class reach a certain proficiency level, they may be moved into the regular classroom.

In an interview with their teacher, the researcher determined that Spanish was the first and primary language of these twelve students and English was their second language.

The language-learning background variables of the deaf and hearing students were the independent variables. The dependent variables were the retelling scores and inferential-question scores on tests over certain science texts. Comparisons were made within groups and across the bilingual groups (deaf vs. hearing).

Experimental Materials

Six passages from a third-grade science textbook currently used in Texas elementary schools were utilized for the study (McGraw-Hill Science, 2000). Each science expository or informational passage was one-half to one page long. Each had less than 200 words and was illustrated with one to three pictures. Table 1 shows the title of the story and the reading grade level determined by using the Flesch-Kincaid readability formula, on Microsoft software.

Table 1

Science Passages at Third-Grade Level with Readability Levels Calculated Using Computerized Readability Formula

Science Passage (McGraw-Hill, 2000)	Reading Grade Level Calculated with Readability Formula
1. How Is Helium Useful to People?	8.8
2. What Are Meteors?	6.3
3. What Happens at the Johnson Space Center?	6.1
4. What Is the Third Way to Tell a Living Thing?	5.8
5. What Is Weightlessness?	6.6
6. What Landforms Are on South Padre Island and Big Bend National Park?	5.5

It is important to note that the reading grade levels calculated by the readability formula were significantly higher than the reading-achievement grade level of the elementary students who participated in this study. In other words, it is doubtful whether the 24 bilingual students in this study could read their science textbook independently without support from the teacher. See Appendix A for complete copies of the science expository texts.

After the science texts were collected, each text was translated into ASL by a native deaf signer. Each text was also translated into spoken Spanish by a native, hearing Spanish-speaker. A DVD was created that contained the ASL version and Spanish version of each science text.

The PVR technique was adapted from Freeman and Freeman (2000). In the *preview* part, the teacher provided a short summary of key points of the science passage in ASL or in spoken Spanish. In the *view* part, the students simply read the science text in English. In the *preview* part, the students interacted with the research assistant, who was a native deaf signer or a native Spanish-speaking teacher. The *review* part consisted of an interactive dialogue between the students and the research assistant in which the research assistant engaged the students in question-and-answer probing to see what they understood about the text. See Table 2.

Table 2
The Preview-View-Review (PVR) Treatment (Freeman & Freeman, 2000)

Preview	First Language (ASL or Spanish)	The teacher gives a summary of the science passage highlighting key points using the first language of the students (ASL or Spanish).
View	Second Language (English)	The students read the science passage in English.
Review	First Language (ASL or Spanish)	The teacher summarizes the key points by engaging students in a dialogue about the text, checks for comprehension, and fills in gaps of learning using the students' first language (ASL or Spanish).

Procedures

Each student, deaf and hearing, read all six science texts. The first, second, fourth, and sixth passages were presented in printed English only. The third and fifth passages were presented with the *preview* (in ASL or spoken Spanish) and the *review* (in ASL or spoken Spanish). The science texts were counterbalanced to control for text difficulty. See Appendix B for a chart on the way the stories were counterbalanced.

The students met individually with the researcher and research assistants for

30 to 45 minutes. During this time they read the six science texts. Table 3 below showed the sequence of the passages and the treatments.

Table 3

Sequence and Treatments of Science Text Passages

Science Text 1	Science Text 2	Science Text 3	Science Text 4	Science Text 5	Science Text 6
Read Only • Retell • Answer inferential questions	Read Only • Retell • Answer inferential questions	PVR • Retell • Answer inferential questions	Read Only • Retell • Answer inferential questions	PVR • Retell • Answer inferential questions	Read Only • Retell • Answer inferential questions

After each passage was read, the student was asked to tell the researcher what he or she had learned. The researcher would probe with a question, if the student paused. After the student retold what he had learned from the reading, an inferential question was asked. An inferential question is a question about information suggested by the science passage that is not explicitly contained in the passage or in the research assistant's *preview* and *review* components. The inferential question is a true test of the student's comprehension, as he must *read between the lines* to arrive at the correct answer. He can also use his background knowledge.

All sessions of the students' retellings and answering of the inferential questions were videotaped. The videotapes of the twelve deaf students were transcribed by a deaf fluent user of ASL. The videotapes of the twelve hearing students were transcribed by two fluent Spanish speakers not involved in the study.

Reliability of Videotapes and Written Transcriptions

Thirty percent of the 24 videotapes were given to two independent transcribers. They checked the original ASL and Spanish translations. Inter-transcriber agreement was calculated using the following formula: agreements divided by (agreements plus disagreements) × 100% (Tawney & Gast, 1984). The calculation showed 60% intertranscriber reliability in the ASL transcriptions and 80% in the Spanish transcriptions.

Retelling Measures

In this study, reading research techniques utilizing pausal units were used to measure reading comprehension (Searfoss & Readence, 1985). Five reading comprehension measures were collected. These were the dependent variables:

1. The *quantity* of pausal units retold by the student.
2. The *weighted quantity* of pausal units retold.
3. The *quality* of pausal units retold.
4. The *weighted quality* of pausal units retold.
5. The answering of *an inferential question* of the science text.

Scoring

The twenty-four students' retellings and answering of the inferential questions were compared across all participants—hearing and Deaf—by using the written transcriptions from the videotapes of the deaf ASL/English bilingual and hearing Mexican-American Spanish/English bilingual students.

Retelling Scoring

The retellings were scored by using pausal units. A pausal unit is a measure of phrase breaks which naturally occur in a sentence where a fluent reading would normally pause while reading a text. Three hearing readers independently read the six science passages. They used slash (/) marks to designate the pausal units in each passage. A discussion was facilitated among the three readers to reach an agreement of at least two of the readers as to what constituted a pausal unit. These pausal units became the baseline for determining pausal-unit breaks.

After the pausal units were determined, seven hearing Spanish-speaking adults read, retold, and answered the inferential questions for, the six science texts. Their responses were used as a baseline for scoring the response and interpreting the scores of the elementary-age hearing Mexican-American Spanish/English bilingual students.

Seven deaf adult native signers also read, retold, and answered inferential questions on, the six science texts. The deaf adults' responses were used as a baseline for scoring the responses and interpreting the scores of the elementary-age deaf ASL/English bilingual students.

All signed and Spanish retellings and answering of the inferential questions were videotaped and transcribed into English for the analyses.

The written transcriptions of the readings by the adult Deaf and Spanish individuals were compared to the written texts on the score sheet of the young Deaf and hearing elementary-school readers to see how closely they matched up.

For example, if a young reader retold a particular pausal unit, he or she would be given a 3 if the response was a close paraphrase to that of the adult reader. The reader would be given a 2 if it was midway between a close and not close paraphrase, and a 1 if the paraphrase was not close to the original unit.

Using these tools, five measures were taken. The first measure was simply the raw score of the number of pausal units the reader retold. This was the *quantity of pausal units retold*. For example, take the helium passage. As calculated from a fluent reader, the helium story has 11 pausal units or phrase breaks. Following is a sample of phrasal breaks. Helium is an important natural resource with many uses. / A natural resource is a natural material on Earth/that is necessary or useful to people. / If a young bilingual reader retold 5 pausal units out of a total of 11 for one science story, he would receive a score of five for this first measure.

The second measure was termed the *weighted quantity of pausal units retold*. This number was calculated by taking the sum of the levels of closeness of those pausal units found in the passage. Recall above that the adults readers were videotaped as they retold the science passage. Adult readers' retellings were compared to young students' retellings to find a score. If the young reader retold the pausal unit, he or she would be given a 3 if the response was a close paraphrase to that of the adult reader. The reader would be given a 2 if it was midway between a close and not close paraphrase, and a 1 if the paraphrase was not close to the original unit. In other words, the adult readers' retellings were compared to the young reader' retellings and a score was thus calculated. This sum was the *weighted quantity of pausal units*. For example, in the case of one young deaf reader when his retelling was compared to the deaf adult's retelling, the first pausal unit recalled was given a 2 because it was between a close paraphrase and a far paraphrase; the second was given a 3 because it was a close paraphrase. Thus, the score of 9 was the young deaf reader's *weighted quantity* score for the helium passage.

The third measure was the *quality of pausal units retold*. Here again the fluent Deaf ASL and hearing Spanish readers' responses were used as baseline data. Seven Deaf graduate students who were fluent in ASL and seven hearing graduate students who were fluent in spoken and written Spanish were randomly selected from college classes at Lamar University. Each of the graduate students read the six science passages, then retold them, and then answered an inferential question. These 14 adult readers' responses were scored for pausal units, and a proportion was set up. For instance, if a passage had 17 pausal units, and five graduate students recalled the first pausal unit of the passage, then the five readers divided by the total of seven readers would yield 5/7 or 0.71. Thus, the value of 0.71 would be assigned to the first pausal unit of this passage, and so on, until all were added up in this way. Thus, *the quality of pausal units* was calculated. For example, a young reader retold the first pausal unit on Helium story (with the previously assigned value of 0.86 from the graduate students), the second pausal unit (0.86), the third pausal unit (0.86), and the fourth pausal unit (0.86). The total figure came to 2.58. This value became the *quality* of the young reader's retelling score on the helium story.

The fourth measure was the *weighted quality of pausal units recalled*. Here, the assigned quality value from the deaf and Spanish college readers was multiplied by the level of closeness for each of the pausal units retold. For example, the young bilingual deaf reader retold the first pausal unit (0.86), and his response was a close paraphrase (and thus received a score of 3). Therefore, we multiplied 0.86 by 3 for this pausal unit and then took the sum of all each products for the pausal units retold. This score came to 6.02 and indicated the *weighted quality* of pausal units retold for the deaf bilingual reader on the helium passage.

In the fifth measure, an inferential question for each of the 6 science passages was constructed. As was mentioned above, the answer to this question would not be explicitly found in the English text, nor mentioned in the preview or review steps of the PVR. If the young reader answered the inferential question, he or she would be given a 3 if the response was close to the correct answer of the adult reader. The reader would be given a 2 if it was midway between a close and not close answer, and a 1 if the answer was not close to the adult's answer. For example, the inferential question on the helium passage was, "Can you think of another kind of balloon that might be filled with helium?" One deaf adult answered, "A party balloon." A deaf bilingual reader answered, "Big balloons (hot air) take people off." This student was given a 3, as his answer demonstrated he understood the question and could give an appropriate reply. This score was assigned to his answer to the *inferential question* on the helium passage.

Inter-Rater Agreement of Scoring

Thirty percent of the scorings were given to two independent raters to determine inter-rater agreement. Inter-rater agreement of 88% for the ASL retellings was calculated for the scoring of the retellings using the same formula as above. Inter-rater agreement of the Spanish retellings was 92%.

Data Analyses

Means and standard deviations for the five measures were made. The researcher used five mixed designed ANOVA to compare the two groups.

Chapter Four Results

This study investigated the use and effect of the bilingual strategy preview-view-review (PVR) on the reading comprehension of deaf ASL/English bilingual and hearing Mexican-American Spanish/English bilingual students. The researcher analyzed the data using five mixed-design ANOVA to compare the two groups. The Statistical Packet for the Social Sciences (SPSS) was used to run the data. Means and standard deviations were computed for the demographic data. It was hypothesized that PVR treatment would result in higher scores on the tasks of retelling and answering the inferential questions than would result from reading the English texts alone.

Demographic Characteristics of Deaf ASL/English Bilingual Students

The 12 students were enrolled in the third grade at the Alabama School for the Deaf in Talladega. The age of the students ranged from 9 to 11 years. Half were female. The deaf students were predominantly African-American (83.3%). The majority of students were congenitally and profoundly deaf. Most students (7 = 58.3%) had used ASL for 3—5 years and two students (16.7%) had used ASL for 0—2 years. Most students (6=50.0%) had gone to the Alabama school for 4—5 years, and one student (8.3%) had gone to the school for 2—3 years. Two students' reading level (16.7%) was above 2.0, and ten students' reading level (83.3%) was below 2.0. Most students (5=41.7%) had responded correctly to identity above 200 words on Dolch Word. One student (8.3%) had responded 1—49 words. Six students (50.0%) were below average on the Test of Early Reading Ability for Deaf and Hard of Hearing (TERA-DHH, 1991). Five students' IQ scores (41.7%) were below average, and three students (25.0%) were above average. Eleven students' parents (91.7%) were hearing, and one student's parent (8.3%) was deaf. Ten students' home language (83.3%) was English, one student's home language (8.3%) was ASL, and one student's home language (8.3%) was Spanish. Eleven students (91.7%) were born in the U.S., and one student (8.3%) was born in Mexico. See Table 4.

Table 4

Descriptive Demographics of Deaf Sample ($n=12$)

Variable	Subgroup	Frequency	Percentage
	9	6	50.0%
Age	10	4	33.3%
	11	2	16.7%
Gender	Male	6	50.0%
	Female	6	50.0%
Ethnic	African-American	10	83.3%
Background	Caucasian	1	8.3%
	Mexican-American	1	8.3%
db Hearing	50—79db(Moderate)	2	16.7%
Loss	80—99db(Severe)	4	33.3%
(Left ear)	100—119db(Profound)	6	50.0%
db Hearing	50—79db(Moderate)	3	25.0%
Loss	80—99db(Severe)	2	16.7%
(Right ear)	100—119db(Profound)	7	58.3%
	Birth	5	41.7%
Age of Onset	1—11 months	2	16.7%
	1 year old	3	25.0%
	2 years old	2	16.7%
Years of Using	0—2	2	16.7%
ASL	3—5	7	58.3%
	6—9	3	25.0%

Years of Schooling at ASD	0—1	3	25.0%
	2—3	1	8.3%
	4—5	6	50.0%
	6—7	2	16.7%
Reading Level (Accelerated Reading)	0.1—0.9	5	41.7%
	1.0—1.9	5	41.7%
	2.0—2.9	2	16.7%
Dolch Word	1—49	1	8.3%
	50—99	3	25.0%
	150—199	3	25.0%
	200—over	5	41.7%
TERA-DHH	Above average	3	25.0%
	Below average	6	50.0%
	Poor	3	25.0%
IQ (WISC-Ⅲ)	100—114(higher average)	3	25.0%
	85—99(lower average)	4	33.3%
	84 and below	5	41.7%
Parent Hearing Status	Hearing	11	91.7%
	Deaf	1	8.3%
Home Language	English	10	83.3%
	ASL	1	8.3%
	Spanish	1	8.3%
Where Born	U.S.	11	91.7%
	Mexico	1	8.3%

Demographic Characteristics of Hearing Spanish/English Bilingual Students

Six students of Fletcher Elementary School were enrolled in the third grade and six in the fourth grade. The age of the students ranged from 8 to 11. Most participants (6=50.0%) were in the age range of 9, and the fewest (1=8.3%) were in the age range of 11. Eight students (66.7%) were male, and four students (33.3%) were female. Most students (7=58.3%) had gone to school for 4—5 years. Six students (50.0%) had passed the Texas Assessment of Knowledge and Skills (TAKS) at the third-grade reading level, and six students (50.0%) had taken the Logramos① (50.0%). Four students had passed the TAKS third-grade reading test in Spanish, and eight had passed it in English. Four of the children (33.3%) were enrolled in a bilingual classroom, and eight (66.7%) were enrolled in an ESL (English as a second language) classroom. The 12 students' home language (100.0%) was Spanish. Nine students (75.0%) were born in Mexico, and three students (25.0%) were born in U.S. Most students (5=41.7%) had been living in U.S. for 4—6 years, and the fewest (3=25.0%) had been living in U.S. for 7—9 years. See Table 5.

Table 5

Descriptive Demographics of Mexican-American Sample ($n=12$)

Variable	Subgroup	Frequency	Percentage
Grade	3	6	50.0%
	4	6	50.0%
Age	8	4	33.3%
	9	6	50.0%
	10	1	8.3%
	11	1	8.3%

① The Logramos is a Spanish language test of vocabulary, reading, math, and language abilities. It is similar to the Iowa Test of Basic Skills. The Logramos is given at grades K—6. The Logramos and Spanish TAKS are generally given to Limited English Proficient (LEP) students at the discretion of the local Language Proficiency Assessment Committee (LPAC).

Gender	Male	8	66.7%
	Female	4	33.3%
Ethnic	Hispanic	12	100.0%
Years of School	2—3	5	41.7%
	4—5	7	58.3%
Reading Level	Passed TAKS 3rd grade	6	50.0%
	Logramos below 8.0	4	33.3%
	Logramos above 8.0	2	16.7%
Reading Tests	Passed TAKS 3rd grade (Spanish)	4	33.3%
	Passed TAKS 3rd grade (English)	8	66.7%
Type of Program	Enrolled in Bilingual class	4	33.3%
	Enrolled in ESL class	8	66.7%
Home Language	Spanish	12	100.0%
Where Born	U.S.	3	25.0%
	Mexico	9	75.0%
Years in U.S.	1—3	4	33.3%
	4—6	5	41.7%
	7—9	3	25.0%

Figure 3 and 4 show the graphs of the subjects' reading-comprehension performance across five measures on the Deaf group and Mexican-American group. There measures were: 1) quantity of pausal units retold, 2) weight quantity, 3) quality of pausal units retold, 4) weight quality, and 5) inferential questions.

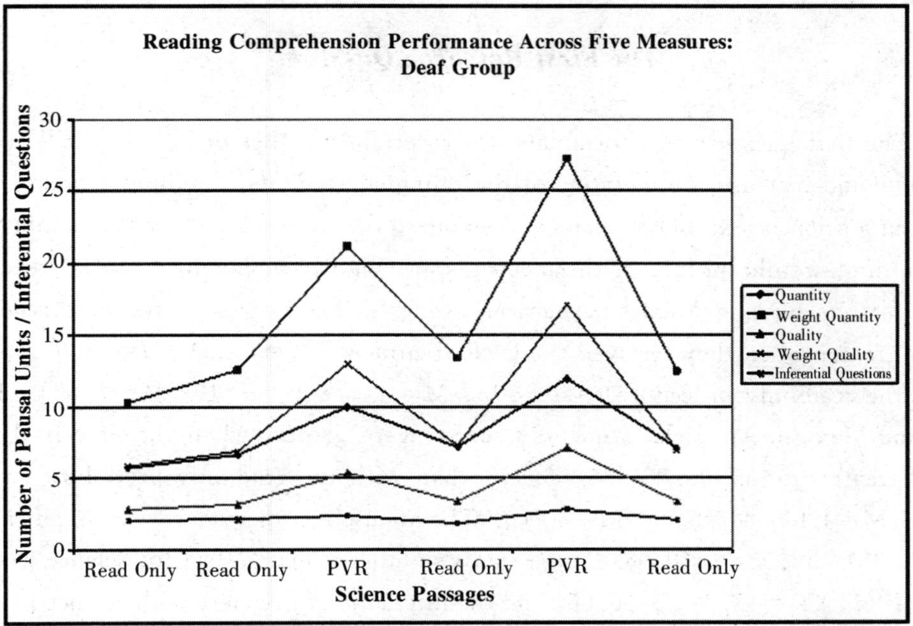

Figure 3. Deaf Subjects' Reading Comprehension Performance Across Five Measures

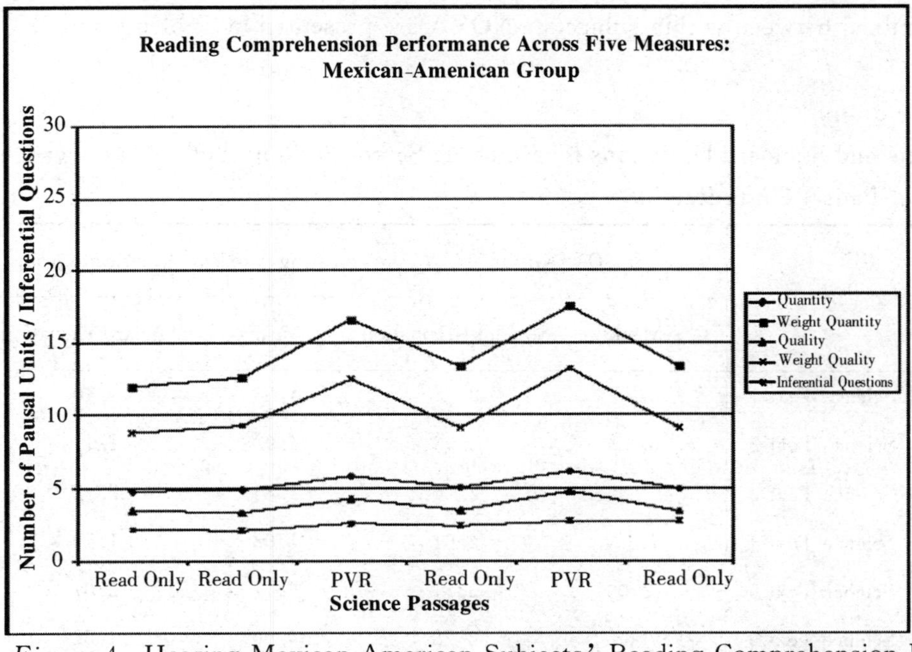

Figure 4. Hearing Mexican-American Subjects' Reading Comprehension Performance Across Five Measures

The First Research Question

The first question was formulated to ascertain whether or not the PVR technique would increase the *quantity* of the bilingual students' retelling scores when reading a science text. The means and standard deviation scores for the number of pausal units retold on four of the measures are slightly higher for the deaf readers than for the hearing Mexican-American readers. The scores of the deaf readers were greater when they received the PVR treatment ($M=10.00$; $M=12.00$) than with the read-only procedure ($M=5.75$; $M=6.67$; $M=7.17$; $M=7.08$). The hearing Mexican-American students' scores were greater when they received the PVR treatment ($M=5.83$; $M=6.17$) than with the read-only procedure ($M=4.83$; $M=4.92$; $M=5.05$; $M=5.00$). The main effect of readers was significant: F (1, 22)$=16.92$, $p<0.05$. There was a significant main effect for science passages: F (1, 22)$=17.39$, $p<0.05$, and the interaction of readers with science passages was significant: F (1, 22)$=6.78$, $p<0.05$. The means, standard deviations, and mixed between-within subjects ANOVA are presented in Tables 6 and 7.

Table 6

Means and Standard Deviations for Retelling Scores of Subjects ($n=24$) over Quantity of Pausal Units Retold

	Deaf Group		Hearing Mexican-American Group	
	Mean	Standard Deviation	Mean	Standard Deviation
Science Text 1	5.75	2.05	4.83	1.40
Science Text 2	6.67	1.93	4.92	1.11
Science Text 3	10.00	2.24	5.83	2.91
Science Text 4	7.17	2.61	5.08	1.50
Science Text 5	12.00	3.11	6.17	2.07
Science Text 6	7.08	2.78	5.00	1.58

Table 7

Mixed-Design ANOVA Source Table for Quantity of Pausal Units Retold

Source	Sum of Squares	df	Mean Square	*F*
Readers (A)	283.36	1	283.36	16.92 *
Between subjects error	368.39	22	16.75	
Science Passages (B)	257.58	1	357.58	17.39 *
A×B	100.47	1	100.47	6.78 *
Within subjects error	325.94	22	14.82	
Total	1335.74	47		

* $p < 0.05$

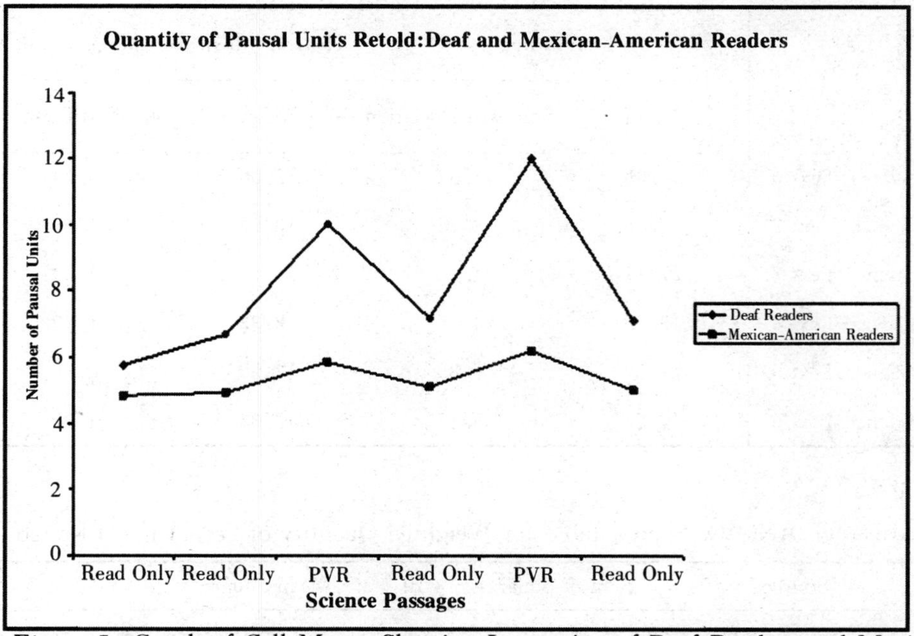

Figure 5. Graph of Cell Means Showing Interaction of Deaf Readers and Mexican-American Readers for Quantity of Pausal Units Retold

For the measure of weight quantity of pausal units retold, the scores of the deaf readers were greater when they received the PVR treatment (M=21.17; M=

27.25) than when they read the English text only ($M=10.33$; $M=12.58$; $M=13.42$; $M=12.50$). The hearing Mexican-American students' scores were greater when they received the PVR treatment ($M=16.58$; $M=17.50$) than when they read the English text only ($M=12.00$; $M=12.58$; $M=13.33$; $M=13.33$).

There was no significant main effect for readers. The main effect of science passages was significant: $F(1, 22)=28.14$, $p<0.05$, and the interaction of readers with science passages was significant: $F(1, 22)=6.98$, $p<0.05$. The means, standard deviations and mixed between-within subjects ANOVA are presented in Tables 8 and 9.

Table 8

Means and Standard Deviations for Retelling Scores of Subjects ($n=24$) over Weighted Quantity of Pausal Units Retold

	Deaf Group		Hearing Mexican-American Group	
	Mean	Standard Deviation	Mean	Standard Deviation
Science Text 1	10.33	4.33	12.00	4.10
Science Text 2	12.58	3.38	12.58	4.48
Science Text 3	21.17	4.22	16.58	8.80
Science Text 4	13.42	4.35	13.33	4.29
Science Text 5	27.25	7.85	17.50	6.36
Science Text 6	12.50	5.17	13.33	4.87

Table 9

Mixed-Design ANOVA Source Table for Weighted Quantity of Pausal Units Retold

Source	Sum of Squares	df	Mean Square	*F*
Readers (A)	142.01	1	142.01	1.30
Between subjects error	2412.15	22	109.64	
Science Passages (B)	2319.45	1	2319.45	28.14 *
A×B	575.29	1	575.29	6.98 *
Within subjects error	1813.43	22	82.43	

Total	7262. 33	47

* $p < 0.05$

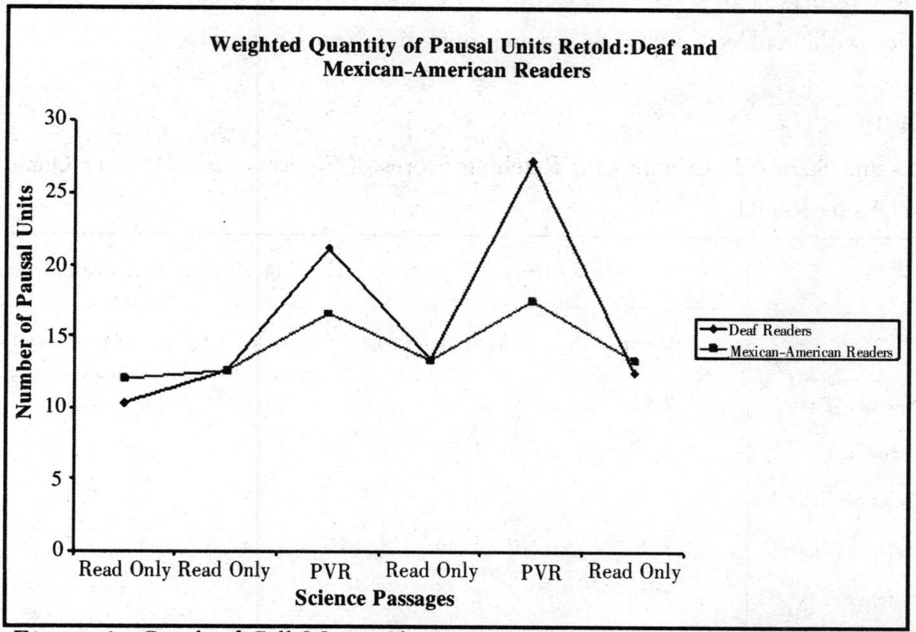

Figure 6. Graph of Cell Means Showing Interaction of Deaf Readers and Mexican-American Readers for Weighted Quantity of Pausal Units Retold

The Second Research Question

The second research question was formulated to ascertain whether or not the PVR technique would increase the *quality* of the bilingual students' retelling scores when reading a science text. The scores of the deaf readers were greater when they received the PVR treatment ($M=5.37$; $M=7.09$) than when reading the English text only ($M=2.85$; $M=3.18$; $M=3.36$; $M=3.37$). The scores of the hearing Mexican-American students were greater when they received the PVR treatment ($M=4.29$; $M=4.79$) than when reading the English text only ($M=3.50$; $M=3.33$; $M=3.50$; $M=3.43$). With PVR, the scores of the deaf readers were higher than those of the Mexican-American readers. With the read-only procedure, the scores of the Mexican-American readers were higher than those of the deaf readers.

There was a significant main effect for science passages: $F(1, 22) = 16.33$, $p < 0.05$. There was no significant main effect for readers, and no significant interaction between readers and science passages. The means, standard deviations, and mixed between-within subjects ANOVA are presented in Tables 10 and 11.

Table 10

Means and Standard Deviations for Retelling Scores of Subjects ($n = 24$) over Quality of Pausal Units Retold

	Deaf Group		Hearing Mexican-American Group	
	Mean	Standard Deviation	Mean	Standard Deviation
Science Text 1	2.85	1.94	3.50	1.14
Science Text 2	3.18	1.53	3.33	1.16
Science Text 3	5.37	1.12	4.29	2.16
Science Text 4	3.36	1.30	3.50	1.15
Science Text 5	7.09	2.40	4.79	1.83
Science Text 6	3.37	1.90	3.43	1.54

Table 11

Mixed-Design ANOVA Source Table for Quality of Pausal Units Retold

Source	Sum of Squares	df	Mean Square	*F*
Readers (A)	5.64	1	5.64	0.66
Between subjects error	187.73	22	8.53	
Science Passages (B)	152.69	1	152.69	16.33 *
A×B	35.99	1	35.99	3.85
Within subjects error	205.73	22	9.35	
Total	587.78	47		

* $p < 0.05$

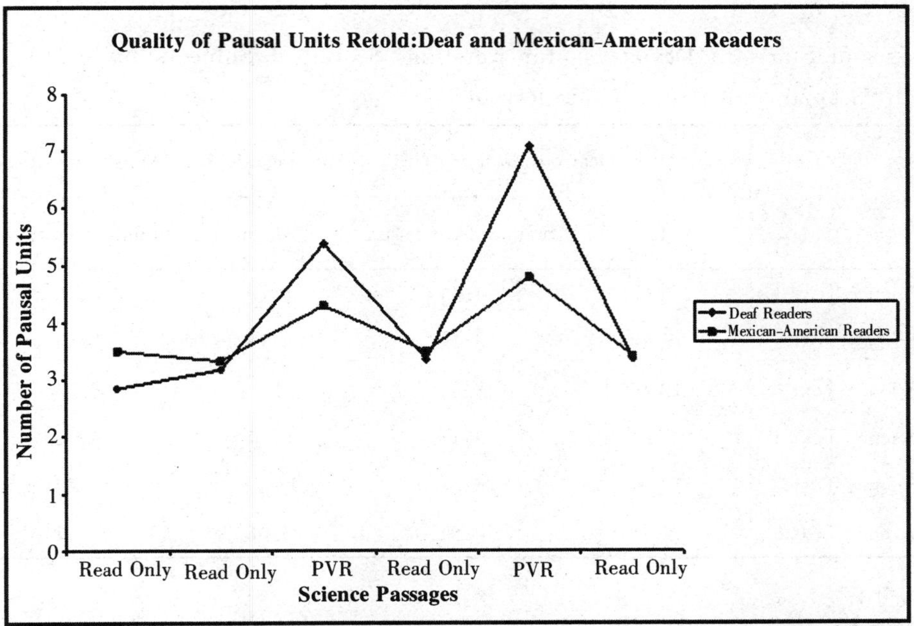

Figure 7. Graph of Cell Means Showing Interaction of Deaf Readers and Mexican-American Readers for Quality of Pausal Units Retold.

In the measure of weighted quality of pausal units retold, the scores of the deaf readers were greater when they received the PVR treatment ($M=12.98$; $M=17.13$) than with the read-only procedure ($M=5.87$; $M=6.91$; $M=7.28$; $M=6.94$). The hearing Mexican-American students' scores were greater when they received the PVR treatment ($M=12.48$; $M=13.23$) than with the read-only procedure ($M=8.79$; $M=9.28$; $M=9.11$; $M=9.08$). There was a significant main effect for science passages: $F(1, 22)=21.24$, $p<0.05$. There was no significant main effect for readers, and no significant interaction between readers and science passages. The means, standard deviations, and mixed between-within subjects ANOVA are presented in Tables 12 and 13.

Table 12

Means and Standard Deviations for Retelling Scores of Subjects（$n=24$）over Weighted Quality of Pausal Units Retold

	Deaf Group		Hearing Mexican-American Group	
	Mean	Standard Deviation	Mean	Standard Deviation
Science Text 1	5.87	4.44	8.79	3.10
Science Text 2	6.91	3.15	9.28	3.84
Science Text 3	12.98	3.56	12.48	6.55
Science Text 4	7.28	3.13	9.11	3.16
Science Text 5	17.13	6.38	13.23	5.23
Science Text 6	6.94	3.91	9.08	4.21

Table 13

Mixed-Design ANOVA Source Table for Weighted Quality of Pausal Units Retold

Source	Sum of Squares	df	Mean Square	*F*
Readers (A)	23.65	1	23.65	0.355
Between subjects error	1467.05	22	66.68	
Science Passages (B)	1252.67	1	1252.67	21.24 *
A×B	202.05	1	202.05	3.426
Within subjects error	1297.50	22	58.98	
Total	4242.92	47		

* $p<0.05$

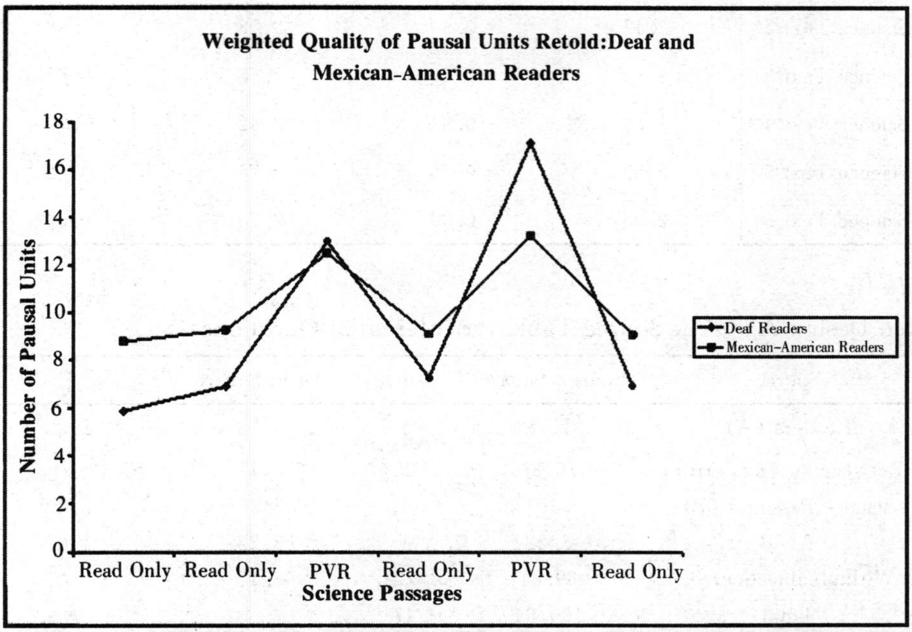

Figure 8. Graph of Cell Means Showing Interaction of Deaf Readers and Mexican-American Readers for Weighted Quality of Pausal Units Retold

The Third Research Question

The third research question was formulated to ascertain whether or not the PVR technique would assist the reader in determining the answer to an inferential question on the science texts. There was no significant main effect for readers and science passages, and no significant interaction between readers and science passages. The means, standard deviations, and mixed between-within subjects ANOVA are presented in Tables 14 and 15.

Table 14

Means and Standard Deviations for Inferential Questions of Subjects ($n=24$)

	Deaf Group		Hearing Mexican-American Group	
	Mean	Standard Deviation	Mean	Standard Deviation
Science Text 1	2.08	0.90	2.17	0.84

Science Text 2	2.17	0.84	2.08	0.90
Science Text 3	2.42	0.90	2.58	0.67
Science Text 4	1.83	0.94	2.42	0.79
Science Text 5	2.83	0.58	2.75	0.62
Science Text 6	2.08	0.99	2.75	0.62

Table 15

Mixed-Design ANOVA Source Table for Inferential Questions

Source	Sum of Squares	df	Mean Square	*F*
Readers (A)	1.78	1	1.78	2.32
Between subjects error	16.86	22	0.77	
Science Passages (B)	8.97	1	8.97	2.83
A×B	3.22	1	3.22	1.02
Within subjects error	69.81	22	3.17	
Total	100.64	47		

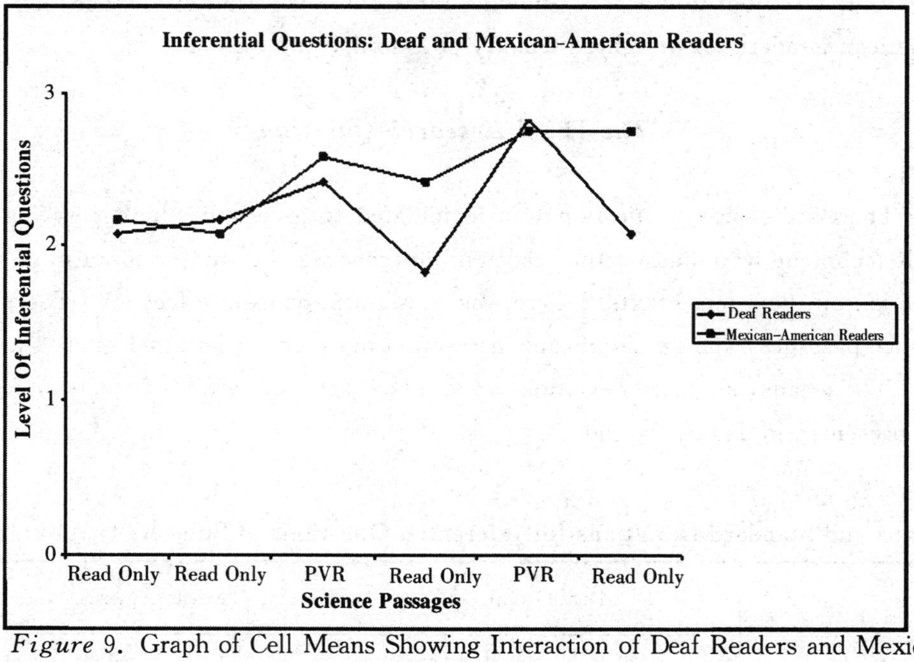

Figure 9. Graph of Cell Means Showing Interaction of Deaf Readers and Mexican-American Readers for Inferential-Question tasks

Summary of Findings

1. Overall, the retelling scores of both groups were low. All students had difficulty selecting, logically organizing, sequencing, and retelling items they learned about in the read only and PVR stages. Even though the retellings in the PVR treatment were higher, the retellings were not extensive.

2. The 12 deaf students had impoverished and deprived language backgrounds in ASL and in reading comprehension of English. Most of them (9 participants) had 5 or less years of ASL exposure. All except the one student with deaf parents had English as their home language, but it was not accessible to them because of their hearing loss. Only four deaf participants had had early-childhood intervention, and this was most likely auditory-oral, as ASL parent-infant training was not available in their home area. Thus they all lacked early access to ASL as well as access to comprehensible English.

3. In contrast, the 12 hearing Mexican-American students had full access to their home language of Spanish.

4. Five of the deaf students had below 84 Intelligence Quotient (IQ) scores.

5. Four of the 12 hearing participants had fluent Spanish/English bilingual teachers, and thus they had adult language role models.

6. The 12 hearing Hispanic students had access to English on the playground and from their teachers.

7. The reading levels in Spanish and in English were higher for the hearing students.

8. The deaf students had low reading English-language scores: 10 scores were below second grade, and 2 students had reading levels between second and third grade.

9. The hearing students had significantly more language exposure in Spanish and in spoken and written English than the deaf students.

10. The science texts were too difficult for both groups to read, as the readability formulas showed the texts were written between the fifth-and eighth-grade reading levels.

11. (Quantity of Pausal Units Retold) Deaf and hearing bilingual students per-

formed about the same on the read-only task (between 5 and 7 items retold). Both groups did better with the PVR treatment than with the English reading-only treatment of the science texts.

12. The deaf group outperformed the hearing group under the PVR treatment, and this difference reached statistical significance on the quantity of pausal units retold.

13. (Weighted Quantity of Pausal Units Retold) Deaf and hearing students performed about the same on the read-only task (between 10 and 13 items retold). Both groups did better with the PVR treatment than with the reading-only treatment. But the deaf group outperformed the hearing group under the PVR treatment, and this difference reached statistical significance.

14. (Quality of Pausal Units Retold) Both groups did better with the PVR treatment than with the English read-only treatment.

15. (Weighted Quality of Pausal Units Retold) Both groups did better with the PVR treatment.

16. (Inferential Questions) Both groups had difficulty with the inferential questions. Hearing and deaf readers scored low on the inferential-question task. The PVR treatment did not assist either group in comprehending inferential questions.

Chapter Five Discussion

The results of this study support positive answers to the two research questions whether the PVR technique increases the quantity and quality of the bilingual students' retelling scores when reading science texts. Findings indicate that there is a significant difference between PVR treatment and read-only treatment in the retellings of the science texts. It was also noted that the retellings from neither the Mexican-American children nor the deaf children were extensive and that all children had difficulty selecting, sequencing, and logically organizing the items in their retellings with both the PVR and the read-only treatments. Also, the PVR treatment was not effective with the inferential-question tasks.

Overall Summary

It is clear that bilingual students use their first language to retell more vocabulary from PVR technique when a methodology that builds background knowledge by employing the first language is used. An interesting finding is the fact that there was a significantly higher gain from the PVR treatment for the deaf group than for the Mexican-American group. There are no statistically significant differences between PVR and read-only for inferential questions for the two groups. Furthermore, the groups without PVR treatment demonstrated significantly lower results than either the deaf or Mexican-American group with PVR treatment. Further support is thus given for using the PVR technique with background knowledge and added information in order to improve reading comprehension of science texts for bilingual students.

The Preview Stage

The PVR technique helps bilingual students to gain prior background knowledge and added information before, during and after reading the science text. In the *preview* step, the bilingual students pay more attention to associating the video clips when the science text is difficult. In the *preview* step it is presumably easy for the bilingual students to obtain clues for reading comprehension. It is possible that the relative importance of complexity text and video clips.

The View Stage

The *view* step, where the science passage was presented to the participants in English text, was the most difficult. For L2 English readers, both deaf and hearing, even though the content is made more comprehensible by the *preview* step, still, the vocabulary, concepts, and grammar are challenging to comprehend.

The researcher observed these behaviors in the *view* step. Some of the deaf bilingual students fingerscanned or pointed to the printed words in the science text while they read it. Many in both groups expressed difficulty in understanding the science vocabulary and asked the teacher for clarification. While the *preview* video clip in their native language (either Spanish or ASL) helped them recall key vocabulary words in the retelling task, many L2 English readers had difficulty comprehending the passage. Some of the deaf bilingual students did not focus on the printed words in the text as much as they paid attention to the visual pictures next to the science text. The vocabulary was too difficult for them. Some of the deaf bilinguals learned new signs for science concepts during the *preview* and *review* stages.

The Review Stage

The *review* step helped the deaf and hearing bilingual students generate questions and check understanding after they finished reading. The bilingual students, both deaf and hearing, seemed to pay more attention to the teacher's discussion and questionings. In retelling the story, the bilingual students used their first language from the video clips and the teacher discussions. They did not seem to focus on the vocabulary presented in the science text. The researcher noted that the students who demonstrated lower English proficiency required more prompts to relate the story. Their stories were retold with a range of very simple three-or four-word phrases.

As was to be expected, in contrast to the deaf bilinguals, the hearing bilingual students retold their science stories in complete sentences and used many descriptive words. They appeared confident in their stories and enjoyed the retelling. But it was also noted that retelling was a difficult cognitive task for many of the hearing bilingual students as well. Their retellings were short, and most students did not elaborate on the texts.

The diverse language and cultural experiences of the deaf and hearing bilinguals provided different background knowledge. All of these features vary from student to student, depending upon their knowledge of the topic and the language, and upon the text structure itself.

The Mexican-American bilingual students have the advantage of being exposed to language (Spanish) by their parents at home every day. They also may have had access to Spanish materials made available by their teachers at school. Those in the bilingual hearing classroom had a science textbook written in Spanish. The deaf students did not have ASL videotapes of science concepts, as such materials are not available. While some publishing companies are producing a wide range of Spanish/English bilingual books and materials, there is still a lack of these materials for bilingual children at the elementary and secondary levels. In fact, Pucci (1994) found that many libraries in schools with bilingual Spanish/English students lacked Spanish materials for free reading. More research is needed on the availability of science materials written in Spanish and English.

Deaf students, too, lack materials and media in ASL. Dr. Harry Lang and his colleagues have begun to develop science materials with ASL glossaries, and this may help out in science classrooms with deaf students.

On the whole, the researcher found, through her own observations, that students both deaf and hearing were highly motivated to participate in the PVR treatment, including the summary, discussion, and questioning. Students were most animated when interacting with a teacher who was using their primary language. But she also noted that in treatment six, the participants were bored and tired with the last reading task. This may have been because it took them a long time to read the science text. The deaf students appeared hungry and eager to learn more signing. Some of the students asked if they could see more of the video clips after they finished retelling all six science texts.

The Importance of Background Knowledge in L1

Aligning background knowledge with science content is a key in helping students comprehend science texts. The visual material—pictures and sign language movies—is very important for deaf bilingual students. Bilingual teachers in bilingual classrooms could use the PVR technique to develop background knowledge and prior knowledge about a difficult subject area such as science by using sign language in the case of deaf bilinguals and Spanish in the case of hearing Mexican-American bilinguals.

The findings of this study are consistent with Vygotsky's (1978) theory as well as Brabham and Lynch-Brown's (2002) findings that teacher's explanations and pre-reading discussions have a positive effect on students' learning of words and meaning construction. Without quality social interaction between teacher and student, students will lack the necessary active participation and guidance to benefit from the PVR technique. Without teacher's assistance and first-language support, results for a retelling would be poor. Students with little or no skill in the English language require additional assistance, with support in their first language as a viable method.

The PVR technique supports science education for bilingual students. Vygotsky's ZPD and social interaction theory has been proven to be a significant asset to the educational community through past and current research. Such research will have clear practical applications for the teaching of reading comprehension in the science classroom.

Retelling Tasks

The researcher noted that the retellings by the deaf bilinguals were enriched by the visual power of ASL in the preview stage. The deaf bilinguals outperformed the hearing bilinguals on the quantity of items retold when given the PVR treatment. It was also noted that overall, the retellings could have been richer for both the deaf and hearing groups.

Retelling is a powerful cognitive strategy for assessing students' comprehension of texts and evaluating their control over language, its structure and conventions. It is more than a memory task. In retelling, the student must select ideas, and sequence and organize them (Brown & Cambourne, 1987). The students in this study may have lacked practice in retelling activities during science class. This may be an important step to add to the science classroom—having students retell what science concepts they have learned.

The data suggest that the deaf and hearing bilinguals lacked a strong background knowledge or a schema in elementary science concepts. It was also observed that the bilingual participants, deaf and hearing, added much information and some incorrect information to their retellings. Bartlett (1932) observed the same phenomenon in his early studies on memory. Bartlett defined a schema as an active organization of past reactions and experiences. But Bartlett found that when subjects tried to recall stories, they did not produce imperfect imitations of the originals. Subjects imposed their own structures on the stories by adding new material as well as deleting parts of the original story. Thus, according to Bartlett, story memory is very much a product of input from the listener, as well as incoming information. More research is needed to examine the quality of bilingual students' retellings.

Inferential-Question Tasks

The PVR method did not assist either deaf or hearing bilingual students in their figuring out the inferential questions. Inference is a complex reading skill. The reader must "read between the lines" and figure out meanings that are not explicitly stated in the text. In order to understand inferential questions, the student must have background knowledge of the content matter as well as understanding the English text. The students in this study may not have had a mental schema or background knowledge for the science concepts presented in these texts. This may explain why the PVR method did not assist them in answering the inferential questions. Teachers in both deaf and hearing bilingual classrooms need to provide students with more support in science content by building background knowledge through various science-related activities.

Teaching Implications

Bilingual teachers can use various strategies to make lessons comprehensible for students. This may help them successfully access difficult information, especially content related to science. Furthermore, bilingual students may bring to school a diversity of languages, dialects, and cultures—all of which the teacher must consider in his or her teaching.

Using the students' primary language may be a key to language acquisition and to the mediation of meaning in a second language. It is the role of teachers to mediate such an acquisition using methodologies and techniques that focus the learners' attention on understanding (Ulanoff & Pucci, 1999).

Teachers need to be aware that the PVR technique is an important assessment tool for bilingual students' reading comprehension. Herrell (2000) provided fifty strategies for teaching English language learners, including preview/review. The teacher can use different strategies for teaching such as cooperative learning, learning centers, portfolio assessment, visual scaffolding, and scripting.

Story retelling is very important in literacy development, as it gives children the opportunity to establish and practice powerful strategies. Unfortunately, retelling has not been a common practice in schools. The researcher found that most of the students' retellings were not smooth. Though retelling may be more difficult for these students, it can still help develop their language skills. They need more practice and additional time with retelling activities (Maria, 1990).

The researcher noted that most elementary teachers, including the teachers of the students in this study, often focus mostly on language arts and mathematics. They have had minimal college course in science, particularly at the K—3 level. Lang (1994) found that in mainstream and residential school programs serving the deaf, 8 out of 10 science teachers had no degrees in science or science education. Clearly there is a need for the training of elementary-level teachers in science pedagogy.

Teachers have opportunities to use the PVR technique, which will help validate children's first language and enhance their comprehension of English texts. As Gonzalez (1999) advocates, measures taking into account the interface of cognition, culture, and language must be developed to accurately assess bilingual readers transitioning from one language to another. Therefore, the preview and review steps should use ASL or Spanish as bilingual students' first language. As bilingual students become more proficient readers, teachers can focus more on "reading to learn," building upon what is known (Avalos, 2003). The PVR technique would be much more effective if the teacher exposed ASL or Spanish to bilingual students. Future research concerning the reading of science texts through the PVR technique will be helpful in identifying valid teaching strategies for reading comprehension with bilingual students.

Research Implications

There is a need for more empirical research measuring the benefits of the PVR method across the curriculum in social studies, mathematics, and reading. Studies can also utilize students from different language backgrounds such as deaf children of deaf parents or deaf children of Spanish-speaking parents. The PVR method can also be studied with students at the secondary and post-secondary (university) levels. Such studies will assist teachers in improving the language learning of bilingual students whether they are hearing or deaf.

There is also a need for addition research in examining the quality of retellings. Both bilingual groups added information in their retellings that was related to their background experience and not found in the ASL or Spanish reviews. These data support Bartlett's work in memory studies and need to be investigated with bilingual populations.

Finally, comparing groups of deaf and hearing bilinguals on literacy tasks may be a productive line of research for deaf learners. Traditionally, researchers in deaf education have used disability or deficit paradigms in studying deaf children's literacy performance. But language-minority paradigms may provide additional insights in assisting the development of new literacy models for deaf L2 English-language learners.

References

Amaral, O., Garrison, L., & Klentschy, M. (2002). Helping English learners increase achievement through inquiry-based science instruction. *Bilingual Research Journal*, 26(2), 213—239.

Andrews, J., & Jordan, D. (1993). Minority and minority-deaf professionals: How many and where are they? *American Annals of the Deaf*, 138(5), 388—396.

Andrews, J., & Jordan, D. (1998). Multimedia stories for deaf children. *Teaching Exceptional Children*, 30(5), 28—33.

Andrews, J., & Karlin, A. (2002). Reading behaviors of deaf bilingual college students. *Journal of the American Deafness and Rehabilitation Association*, 36(1), 28—44.

Andrews, J., Leigh, I., & Weiner, M. (2004). *Deaf people: Evolving perspectives from psychology, education, and sociology*. Boston, MA: Pearson Education, Inc.

Andrews, J., Winograd, P., & DeVille, G. (1994). Deaf children reading fables: Using ASL summaries to improve reading comprehension. *American Annals of the Deaf*, 139(3), 378—386.

Andrews, J., Winograd, P., & DeVille, G. (1996). Using sign language summaries during rereading lessons. *Teaching Exceptional Children*, 28(3), 30—33.

Ajideh, P. (2003). Schema theory-based pre-reading tasks: A neglected essential in the ESL reading class. *The Reading Matrix*, 3(1), 1—14.

August, D., & Hakuta, K. (1997). *Improving schooling for language minority children: A research agenda*. Washington, DC: National Academy Press.

Ausubel, D. (1960). The use of advance organizers in the learning and retention of meaningful verbal material. *Journal of Educational Psychology*, 51, 267—272.

Avalos, M. (2003). Effective second-language reading transition: From learner-specific to generic instructional models. *Bilingual Research Journal*, 27(2), 171—205.

Bahan, B. & Nover, S. (2005). *Corpus planning framework: Future directions in corpus linguistics for ASL/English Bilingual Education*. Paper presented at the 1st Biennial ASL/English Bilingualism in Deaf Education Conference, Washington, DC: Gallaudet University, March 9—12, 2005.

Baker, C. (2000). *A parents' and teachers' guide to bilingualism*. Philadelphia, PA: Multilingual Matters Ltd.

Baker, C. (2001). *Foundations of bilingual education and bilingualism* (3rd ed.). Tonawanda, NY: Multilingual Matters Ltd.

Baker, C., & Jones, S. (1998). *Encyclopedia of bilingualism and bilingual education*. Cleveton, UK: Multilingual Matters.

Barrera, B., & Jimenez, R. (2000). Literacy practices for Latino students. Retrieved February 17, 2005, from http://www.ncela.gwu.edu/pubs/reports/literacy/index.htm.

Barron, V., & Menken, K. (2002). What are the characteristics of the bilingual education and ESL teacher shortage? *AskNCELA*, *14*. Retrieved January 13, 2005, from http://www.ncela.gwu.edu/expert/faq/14shortage.htm.

Bartlett, F. C. (1932). *Remembering*. Cambridge: Cambridge University Press.

Beaumont Fletcher Elementary School (2004). About our school. Retreived October 20, 2004, from http://www.beaumont.k12.tx.us/Fletcher/our%20school.htm.

Brabham, G., & Lynch-Brown, C. (2002). Effects of teachers' reading-aloud styles on vocabulary acquisition and comprehension of students in the early elementary grades. *Journal of Educational Psychology*, 94, 465—473.

Brice, A. (2002). *The Hispanic child: Speech, language, culture and education*. Boston, MA: Allyn and Bacon.

Brown, A., Fisher, J., & Janus, B. (1991). The role of metacognition in reading. In J. Orasanu (Ed.), *Reading comprehension: From research to practice* (pp. 49—75). Hillsdale, NJ: Erlbaum.

Brown, H., & Cambourne, B. (1987). *Reading and retell*. Portsmouth, NH: Heinemann.

Carrasquillo, A., & Rodriguez, V. (2002). *Language minority students in the mainstream classroom* (2nd ed.). Tonawanda, NY: Multilingual Matters Ltd.

Carrell, P., & Floyd, P. (1987). Effects on ESL reading of teaching cultural content schemata. *Language Learning*, 37, 89—108.

Charrow, V. R. (1981). The written English of deaf adolescents. In M. F. Whiteman (Ed.), *Writing: The nature, development, and teaching of written communication*, Vol. 1 (pp. 179—187). Hillsdale, NJ: Lawrence Erlbaum Associates.

Collier, V. (1995). *Promoting academic success for ESL students: Understanding second language acquisition for school*. Jersey City, NJ: New Jersey Teachers of English to Speakers of Other Languages-Bilingual Educators.

Combs, M. C. (1992). English plus: Responding to English only. In J. Crawford (Ed.), *Language loyalties: A source book on the Official English controversy* (pp. 216—224). Chicago, IL: The University of Chicago Press.

Cooney, T., Dispezio, M., Foots, B., Matamoros, A., Nyquist, K., Ostlund, K., & Chamot, A. (2003). *Scott Foresman Science for Texas*. Glenview, IL: Pearson Education Publisher, Inc.

Crawford, J. (1997). *Best evidence: Research foundations of the bilingual education act*. National Clearinghouse for Bilingual Education. Retrieved January 2005, from http://www.ncela.gwu.edu/pubs/symposia/reading/article9/crawford97/toc.html.

Cummins, J. (1994). The role of primary language development in promoting educational success for language minority students. In C. F. Leyba (Ed.), *Schooling and language minority students: A theoretical framework*. Los Angeles, CA: California State University.

Cummins, J. (2000). *Language, power, and pedagogy: Bilingual children in the crossfire*. Clevedon, UK: Multilingual Matters.

Day, J. C. (1996). *Population projections of the United Stated by age, sex, race, and Hispanic origin*: 1995 to 2050. Washington, DC: U. S. Bureau of the Census, U. S. Government Printing Office. Current Population Reports No. 25—1130.

Emmorey, K., & Lane, H. (2000). *The signs of language revisited: An anthology to honor Ursula Bellugi & Edward Klima. Mahwah*, NJ: Lawrence Erlbaum Associates.

Ernst-Slavit, G., & Mulhern M. (2003). Bilingual books: Promoting literacy and biliteracy in the second-language and mainstream classroom. *Reading Online*, 7(2). Retrieved January 13, 2005, from http://www.readingonline.org/articles/

ernst-slavit/.

Ewoldt, C. (1983). Text simplification: A solution with many problems. *Perspectives for Teachers of the Hearing Impaired*, 1(5), 23—25.

Fountas, I., & Pinnell, G. (2001). *Guiding readers and writers grades* 3—6: *Teaching comprehension, genre, and content literacy*. Portsmouth, NH: Heinemann.

Fradd, S., Sutman, F., Lee, O., & Saxton, M. (2001). Promoting science literacy with English language learners through instructional materials development: A case study. *Bilingual Research Journal*, 25(4), 417—439.

Freeman, D., & Freeman, Y. (1993). Strategies for promoting the primary languages of all students. *The Reading Teacher*, 46(7), 552—558.

Freeman, Y., & Freeman, D. (1998). Learning goes from whole to part. In Y. Freeman and D. Freeman (Eds.), *ESL teaching: Principles for success* (pp. 62—87). Portsmouth, NH: Heinemann.

Freeman, Y., & Freeman, D. (2000). *Teaching reading in multilingual classroom*. Portsmouth, NH: Heinemann.

Freeman, Y., & Freeman, D. (2001). *Between worlds: Access to second language acquisition* (2nd ed.). Portsmouth, NH: Heinemann.

Freeman, Y., & Freeman, D. (2005). Literacy essentials for dual language programs: As the popularity of two way bilingual programs soars, David and Yvonne Freeman outline the essentials that lead to high levels of biliteracy. *Language Magazine*, 4(5), 24—28.

Gallaudet Research Institute (2003). *Regional and national summary report of data from the* 2001—2002 *annual survey of deaf and hard of hearing children and youth*. Washington, DC: GRI, Gallaudet University.

Garcia, G. (1999). Bilingual children's reading: An overview of recent research. *Center for Applied Linguistics*, 23(1), 1—9.

Godina, H. (2004). Contradictory literacy practices of Mexican-background students: An ethnography from the Rural Midwest. *Bilingual Research Journal*, 28(2), 153—180.

Gonzalez, V. (1999). *Language and cognitive development in second language learning: Educational implications for children and adults*. Boston, MA: Allyn and Bacon.

Goodman, K. S. (1967). Reading: A psycholinguistic guessing game. *Journal of the Reading Specialist*, 6, 126—135.

Granados, C. (December 2000). Hispanic vs. Latino [Electronic version]. *Hispanic Magazine*. Retrieved February 2, 2005, from http://www.hispanicmagazine.com/2000dec/Features/latino.html.

Graves, M., Cooke, C., & Laberge, M. (1983). Effects of previewing difficult short stories on low ability junior high school students' comprehension, recall, and attitudes. *Reading Research Quarterly*, 18(3), 262—276.

Greene, J. P. (1998). *A meta-analysis of the effectiveness of bilingual education*. Claremont, CA: Tomas Rivera Policy Institute.

Grosjean, F. (1998). Living with two languages and cultures. In I. Parasnis (Ed.), *Culture and language diversity and the deaf experience* (pp. 20—37). New York, NY: Cambridge University Press.

Guerrero, M. (1997). Spanish academic language proficiency: The case of bilingual education teachers in the U. S. *Bilingual Research Journal*, 21(1), 65—84.

Hamers, J. (1998). Cognitive and language development of bilingual children. In I. Parasins (Ed.), *Cultural and language diversity and the deaf experience* (pp. 51—75). New York, NY: Cambridge University Press.

Hampton, E., & Rodriguez, R. (2001). Inquiry science in bilingual classroom. *Bilingual Research Journal*, 25(4), 417—434.

Hardin, V. (2001). Transfer and variation in cognitive reading strategies of Latino fourth-grade students in a late-exit bilingual program. *Bilingual Research Journal*, 25(4), 417—439.

Hargett, G. (1998). *Assessment in ESL and bilingual education*. Portland, OR: Northwest Regional Education Laboratory.

Harris, M., & Beech, J. (1998). Implicit phonological awareness and early reading development in prelingually deaf children. *Journal of Deaf Studies and Deaf Education*, 3(3), 205—216.

Herrell, A. (2000). *Fifty strategies for teaching English language learners*. Upper Saddle River, NJ: Merrill.

Jacobson, R. (1990). *Language distribution issues in bilingual schooling*. Clevedon, UK: Multilingual Matters.

Jimenez, R. (1994). Understanding and promoting the reading comprehension of bilingual students. *Bilingual Research Journal*, 18(1&2), 99—119.

Jimenez, R., Garcia, G., & Pearson, P. (1994). The metacognitive strategies of Latina/o students who read Spanish and English. *Center for the Study of Reading*, 601, 1—55.

Jimenez, R., Garcia, G., & Pearson, P. (1996). The reading strategies of bilingual Latina/o students who are successful English readers: Opportunities and obstacles. *Reading Research Quarterly*, 31, 90—112.

Johnson, J., & Newport, E. (1989). Critical period effects in second language learning: The influence of maturational state on the acquisition of English as second language. *Cognitive Psychology*, 21, 60—99.

Jordan, K., & Karchmer, M. (1986). Patterns of sign use among hearing impaired students. In A. Schildroth & M. Karchmer (Eds.), *Deaf Children in America* (pp. 125—138). San Diego, CA: College Hill Press.

Kannapell, B. (1989). An examination of deaf college students' attitudes toward ASL and English. In C. Lucas (Ed.), *The sociolinguistics of the deaf community* (pp. 119—120). San Diego, CA: Academic Press, Inc.

Kelly, R. (1996). The interaction of syntactic competence and vocabulary during reading by deaf students. *Journal of Deaf Studies and Deaf Education*, 1(1), 75—90.

Knight, P., & Swanwick, R. (2002). *Work with deaf pupils: Sign bilingual policy into practice*. London, UK: David Fulton Publishers Ltd.

Krashen, S. (1987). Encouraging free reading. In M. Douglass (Ed.), *Claremont reading conference 51st yearbook*. Claremont, CA: Claremont Graduate School.

Krashen, S. (1996). Under attack: *The case against bilingual education*. Culver City, CA: Language Education Associates.

Krashen, S. (2002). Bush's bad idea for bilingual ed. *Rethinking Schools Online*, 15(4).

Retrieved March 5, 2005, from http://www.rethinkingschools.org/special_reports/bilingual/Bied154.shtml.

Krashen, S., & Biber, D. (1988). *On course: Bilingual education's success in California*. Sacramento, CA: CABE.

Lane, H., Hoffmeister, R., & Bahan, B. (1996). *A journey into the deaf-world*. San Diego, CA: Dawn Sign Press.

Lang, H. (1994). Science for deaf students: Looking into the next millennium. In G. Stefanich and J. Egelston-Dodd (Eds.), *A future's agenda: Proceedings of a working conference on science education for students with disabilities*. Cedar Falls, IA: University of Northern Iowa.

Lang, H., & Albertini, J. (2001). Construction of meaning in the authentic science writing of deaf students. *Journal of Deaf Studies and Deaf Education*, 6, 258—284.

Lang, H., and Steely, D. (2003). Web-based science instruction for deaf students: What research says to the teacher. *Instructional Science*, 31, 277—298.

LaSasso, C., & Lollis, J. (2003). Survey of residential and day schools for deaf students in the United States that identify themselves as bilingual-bicultural programs. *Journal of Deaf Studies and Deaf Education*, 8(1), 79—91.

Legarreta-Marcaida, D. (1981). Effective use of the primary language in the classroom. In *California Office of Bilingual-Bicultural Education Schooling and language minority students*: A theoretical framework (pp. 83—116). Los Angeles, CA: California State University, Los Angeles.

Lessow-Hurley, J. (1990). *The foundations of dual language instruction*. New York, NY: Longman.

Lewelling, V. (1992). *Linguistic diversity in the United States: English plus and official English*. ERIC Digest. Washington, DC: National Clearinghouse on Literacy Education.

Livingston, S. (1997). *Rethinking the education of deaf students: Theory and practice from a teacher's perspective*. Portsmouth, NH: Heinemann.

Lucas, C. (1992). Official English: Implications for deaf education. In J. Crawford (Ed.), *Language loyalties: A source book on the Official English controversy* (pp. 381—383). Chicago, IL: The University of Chicago Press.

Maria, K. (1990). *Reading comprehension instruction: Issues and strategies*. Parkton, MD: York Press.

Mayberry, R. (1993). First language acquisition after childhood differs from second language acquisition: The case of American Sign Language. *Journal of Speech and Hearing Research*, 36, 1258—1270.

Mayer, C., & Wells, G. (1996). Can the linguistic interdependence theory support a bilingual-bicultural model of literacy education for deaf students? *Journal of Deaf Studies and Deaf Education*, 1(2), 93—106.

Moyer, R., Daniel, L., Hackett, J., Baptiste, P., Stryker, P., & Vasquez, J. (2000) *McGraw-Hill Science*. New York, NY: McGraw-Hill School Division.

Mounty, J. (1986). *Nativization and input in the language development of two deaf children of hearing parents*. Unpublished doctoral dissertation, Boston University.

Muniz-Swicegood, M. (1994). The effect of metacognitive reading strategy training on the reading performance and student reading analysis strategies of third-grade bilingual students. *Bilingual Research Journal*, 18, 83—97.

NAEP (2000). The Nation's report card: Fourth-grade reading 2000. Retreived February 2, 2005, from http://nces.ed.gov/pubsearch/pubsinfo.asp?pubid=2001499.

National Center for Education Statistics (2001). *Mini-digest of education statistics*. Washington, DC: U. S. Department of Education.

National Reading Panel (2000). *Teaching children to read: An evidence-based assessment of the scientific research literature on reading and its implications for reading instruction* (NIH Publication No. 00—4769). Washington, DC: U. S. Government Printing Office.

Novas, H. (1994). *Everything you need to know about Latino history*. New York, NY: Penguin Group.

Nover, S. (2000). *History of language planning in deaf education: The 19th century*. Unpublished doctoral dissertation, The University of Arizona, Tucson.

Nover, S. (2005). *Working together as language planners and educational leaders: Language planning considerations for ASL/English bilingual education*. Paper presented at the 1st Biennial ASL/English Bilingualism in Deaf Education Conference, Washington, DC: Gallaudet University, March 9—12, 2005.

Nover, S., Andrews, J., Baker, S. Everhart, V. & Bradford, M. (2002). *Critical pedagogy in deaf education: Staff development in ASL/English bilingual instruction for deaf students: Evaluation and impact study. Year* 5 (2001—2002). Santa Fe, NM: New Mexico School for the Deaf.

Ovando, C., Collier, V., & Combs, M. (2003). *Bilingual and ESL class-*

rooms: *Teaching in multicultural contexts* (3rd ed.). New York, NY: McGraw-Hill Companies, Inc.

Padden, C., & Ramsey, C. (1998). Reading ability in signing deaf children. *Topics in Language Disorders*, 18(4), 30—46.

Pang, E., & Kamil, M. (2004). Second-language issues in early literacy and instruction. In O. Saracho & B. Spodek (Eds.), *Language policy and early literacy education*. Greenwich, CT: Information Age Publishing. Retreived March 1, 2005, from www.temple.edu/Iss/pdf/publications/pubs2004－1.pdf.

Paul, P. (2003). Processes and components of reading. In M. Marschark & P. Spencer (Eds.), *Handbook of deaf studies, language, and education* (pp. 97—109). New York, NY: Oxford University Press.

Payne, J., & Quigley, S. (1987). Hearing-impaired children's comprehension of verb-particle combinations. *The Volta Review*, 89(3), 133—143.

Prince, A., & Mancus, D. (1987). Enriching comprehension: A scheme altered basal reading lesson. *Reading Research and Instruction*, 27(1), 45—54.

Prinz, P., & Strong, M. (1998). ASL proficiency and English literacy within a bilingual deaf education model of instruction. *Topics in Language Disorders*, 18(4), 47—60.

Pucci, S. (1994). Supporting Spanish language literacy: Latino children and free reading resources in schools. *Bilingual Research Journal*, 18(1&2), 67—82.

Purdue University (2002). Preview-view-review system of study. Retrieved September 2004, from http://web.ics.purdue.edu/～rallrich/learn/preview.html.

Quigley, S., & Kretchmer, R. (1986). *The education of deaf children: Issues, theory, and practice*. Baltimore, MD: University Park.

Roseberry-Mckibbin, C. (1995). *Multicultural students with special language needs: Practical strategies for assessment and intervention*. Oceanside, CA: Academic Communication Associates.

Rossell, C. H., & Baker, K. (1996). The effectiveness of bilingual education. *Research in the Teaching of English*, 30, 7—74.

Schirmer, B. (2000). *Language and literacy development in children who are deaf* (2nd ed.). Needham Heights, MA: Allyn & Bacon.

Searfoss, L., & Readance, J. (1985). *Helping children learn to read*. Englewood Cliffs, NJ: Prentice Hall.

Schmid, C. (1992). The English only movement: Social bases of support and opposition among Anglos and Latinos. In J. Crawford (Ed.), *Language loyalties: A source book on the Official English controversy* (pp. 202—208). Chicago, IL: The University of Chicago.

Shantie, C., & Hoffmeister, R. (2000). Why schools for deaf children should hire deaf teachers: A preschool issue. *Journal of Education*, 182(3), 37—47.

Skutnabb-Kangas, T. (1981). *Bilingualism or not: The education of minorities*. Clevedon, OH: Multilingual Matters Ltd.

Singleton, J., Supalla, S., Litchfield, S., & Schley, S. (1998). From sign to word: Considering modality constraints in ASL/English bilingual education. *Topics in Language Disorders*, 18(4), 16—29.

Smolkin, L., & Donovan, C. (2001). The contexts of comprehension: The information book read aloud, comprehension acquisition, and comprehension instruction in a first-grade classroom. *The Elementary School Journal*, 102, 97—119.

Stokoe, W. (1960). Sign language structure: An outline of the visual communication system of the American deaf. *Studies in Linguistics, Occasional Papers, No. 8*. Buffalo, NY: University of Buffalo.

Strassman, B. (1997). Metacognition and reading in children who are deaf: A review of the research. *Journal of Deaf Studies and Deaf Education*, 2(3), 140—149.

Strong, M. (1995). A review of bilingual/bicultural programs for deaf children in North America. *American Annals of the Deaf*, 140(2), 84—90.

Swaffar, J., Arans, K., & Byrnes, H. (1991). *Reading for meaning: Integrated approach to language learning*. Englewood Cliffs, NJ: Prentice Hall.

Tawney, J., & Gast, D. (1984). *Single subject research in special education*. Columbus, OH: Merrill.

Texas A&M University (2002). *Teacher demand study* 2001—2002. Bryan, TX: Institute for School University Partnerships, Retrieved December 2002, from http://partnerships. tamu. edu/publications/01—02% 20supply% 20and% 20demand%20study. pdf.

Texas Statistics (2002). Beaumont city. Retrieved December 2004, from http://beaumont. yptexas. com/demographics. html.

Thomas, W., & Collier, V. (1997). *Improving Schooling for language-minority children: A research agenda*. Washington, DC: National Academy Press,

p. 138.

Thomas, W., & Collier, V. (1995). Language minority student achievement and program effectiveness. *California Association for Bilingual Education Newsletter*, 17(5), 19—24.

Tierney, J., & Cunningham, W. (1984). Research on teaching reading comprehension. In D. Pearson (Ed.), *Handbook of reading research*. New York, NY: Longman.

Traxler, B. (2000). The Standard Achievement Test, 9th edition: National norming and performance standards for deaf and hard-of hearing students. *Journal of Deaf Studies and Deaf Education*, 5, 337—348.

Ulanoff, H., & Pucci, K. (1993). *Is concurrent-translation or preview-review more effective in promoting second language vocabulary acquisition*? Paper presented at the Annual Meeting of the American Educational Research Association, Atlanta, GA.

Ulanoff, H., & Pucci, K. (1999). Learning words from books: the effects of read aloud on second language vocabulary acquisition. *Bilingual Research Journal*, 23, 409—422.

Vernon, M., & Andrews, J. (1990). *The psychology of deafness*. New York, NY: Longman.

Vygotsky, L. (1978). *Mind in Society: The development of higher psychological processes*. Cambridge, MA: Harvard University.

Wallace, C. (1992). *Reading*. New York, NY: Oxford University Press.

Willig, A. C. (1985). A meta-analysis of selected studies on the effectiveness of bilingual education. *Review of Education Research*, 55, 269—317.

Winefield, R. (1987). *Never the twain shall meet: Bell, Gallaudet, and the communications debate*. Washington, DC: Gallaudet University Press.

Wong Fillmore, L. (1991). When learning a second language means losing the first. *Early Childhood Research Quarterly*, 6, 323—346.

Yore, L. D. (2000) Enhancing science literacy for all students with embedded reading instruction and writing-to-learn activities. *Journal of Deaf Studies and Deaf Education*, 5, 105—122.

Appendices

Appendix A

Science Passages (3rd Grade Level; Reading Grade Level=8. 8)

Passage 1

How Is Helium Useful to People?

Helium is an important natural resource with many uses. A natural resource is a natural material on Earth that is necessary or useful to people.

Helium can be used in many ways when mixed with other gases. Helium mixed with oxygen helps people breathe during surgery. Oxygen is a gas that is in air and water. Deep-sea divers and astronauts use helium combined with oxygen in their oxygen tanks.

Helium is used in the fuel tanks of space shuttles. It is used to fill balloons, too. Weather researchers use balloons filled with helium to study the layers of air around Earth.

Inferential Question:

Can you think of another kind of balloon that might be filled with helium?

Passage 2

(Reading Grade Level＝6. 3)

What Are Meteors?

Besides the Sun and planets, there are other bodies in space. A comet is a body of ice and rock that orbits the Sun. An asteroid is a small chunk of rock or metal that orbits the Sun. Another type of body in space is a meteor. A meteor is a piece of rock from outer space that enters Earth's atmosphere. The atmosphere is a layer of gases surrounding a planet.

As meteors speed through Earth's atmosphere, most of them burn up and glow. Look at the picture of a meteor. Why do you think people call meteors shooting stars? Most meteors never hit Earth's surface. When meteors do fall to Earth, they are called meteorites. Some meteorites leave a hollow area in the ground called a crater.

Sometimes, many meteors can be seen in a short time. This is called a meteor shower. Most meteor showers happen around the same time each year.

Inferential Question:

When will the next meteor shower happen?

Passage 3

(Reading Grade Level=6.1)

What Happens at the Johnson Space Center?

The Johnson Space Center is located in Houston, Texas, It opened in 1961. Astronauts train for space missions at the center. Scientists design and build spacecraft at the center. They also plan space missions for the space shuttle.

Space shuttles are spacecrafts that take astronauts into space. One of the places the shuttles are built is the Johnson Space Center. The scientists have to make sure the shuttles are safe for the astronauts. Space shuttles travel at amazing speeds. Speed is how fast an object moves. It takes only 12 minutes for the space shuttle to travel over the United States. The shuttle can travel around the world in only 90 minutes! Space shuttles look like big airplanes. They can weigh up to 23 tons or more! This means the space shuttles need rockets to take off from Earth. When they're coming back to Earth, they can land like airplanes.

Inferential Question:

Can you think of other ways to make space shuttles safe?

Passage 4

(Reading Grade Level＝5.8)

What Is the Third Way to Tell a Living Thing?

You and all organisms live in an environment. An environment is made up of everything that surrounds an organism. It can include the air, the water, the soil, and even other organisms.

An organism responds to changes in its environment. When an organism responds to a change, it reacts in certain ways. All living things respond in some way.

Have you ever noticed how plants and insects respond to light? Plants bend toward light. Insects fly toward light.

Living things also respond in other ways. The leaves on some trees respond to a change in season. In autumn, they turn colors, then fall off the branches. Animals also respond to a change in season. Squirrels save nuts for the winter. Bears sleep through the winter in a cave.

You respond to your environment in many ways, too. You may shiver if you are cold.

Inferential Question:

What other ways do you respond to changes in your environment?

Passage 5

(Reading Grade Level＝6.6)

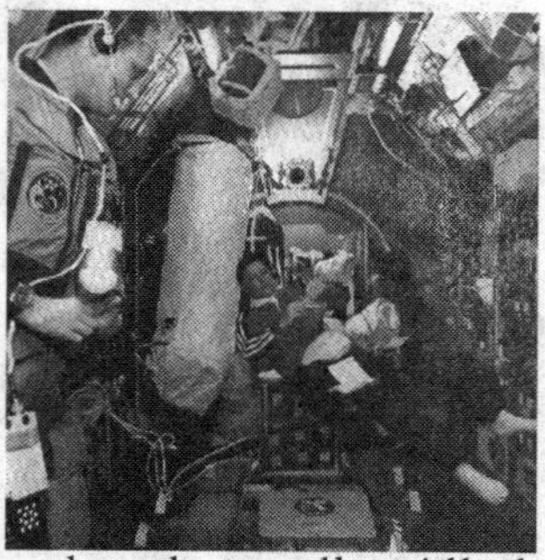

What Is Weightlessness?

Weight is the pull of gravity on an object. In space astronauts experience weightlessness. Weightlessness is when an object has little or no pull of gravity on it. Astronauts become weightless in space because they're far from the pull of Earth's gravity.

When astronauts are weightless in space, they float rather than walk. All their tools float, too. Can you think of things astronauts need to do in a spacecraft? How would weightlessness make their tasks more difficult?

The Johnson Space Center trains astronauts to make sure they can survive in space. Astronauts prepare for weightlessness by working underwater in a large tank. They wear special suits that keep them from falling or rising in the tank. First they learn how to do simple things like moving their bodies. Then they learn harder things like working outside the spacecraft.

Inferential Question:

What would happen if you were weightless walking across a street?

Passage 6

(Reading Grade Level=5.5)

What Landforms Are on South Padre Island and Big Bend National Park

South Padre Island is located in south Texas on the Gulf of Mexico. It is 30 miles away from Mexico. On South Padre Island, there is a beach 34 miles long. The beach has many miles of sand dunes. A sand dune is a small hill of sand formed by the wind. Suppose you are walking along the beach in South Padre. What do you think you might see or find?

Big Bend National Park is located in west Texas in the Chihuahuan Desert. It is one of the largest national parks in the United States. Landforms in Big Bend include deserts, mountains, and canyons. A canyon is a deep valley with steep walls on both sides. Deserts often form near mountains because the mountains keep the deserts from getting rain.

Inferential Question:

What animal and plant life does south Padre Island have that Big Bend does not have?

Appendix B

Counterbalancing the stories (spreading out the difficulty level so that each story has an equal chance of getting all the treatments)

24 students D=Deaf H=Hispanic

Students	Science Text 1 Read Only	Science Text 2 Read Only	Science Text 3 PVR	Science Text 4 Read Only	Science Text 5 PVR	Science Text 6 Read Only
D 1	Helium	Meteors	Space	Living things	Weightlessness	Landforms
2	Meteors	Space	Living things	Weightlessness	Landforms	Helium
3	Space	Living things	Weightlessness	Landforms	Helium	Meteors
4	Living things	Weightlessness	Landforms	Helium	Meteors	Space
5	Weightlessness	Landforms	Helium	Meteors	Space	Living things
6	Landforms	Helium	Meteors	Space	Living things	Weightlessness
7	Helium	Meteors	Space	Living things	Weightlessness	Landforms
8	Meteors	Space	Living things	Weightlessness	Landforms	Helium
9	Space	Living things	Weightlessness	Landforms	Helium	Meteors
10	Living things	Weightlessness	Landforms	Helium	Meteors	Space
11	Weightlessness	Landforms	Helium	Meteors	Space	Living things
12	Landforms	Helium	Meteors	Space	Living things	Weightlessness

H / 1	Helium	Meteors	Space	Living things	Weightlessness	Landforms
2	Meteors	Space	Living things	Weightlessness	Landforms	Helium
3	Space	Living things	Weightlessness	Landforms	Helium	Meteors
4	Living things	Weightlessness	Landforms	Helium	Meteors	Space
5	Weightlessness	Landforms	Helium	Meteors	Space	Living things
6	Landforms	Helium	Meteors	Space	Living things	Weightlessness
7	Helium	Meteors	Space	Living things	Weightlessness	Landforms
8	Meteors	Space	Living things	Weightlessness	Landforms	Helium
9	Space	Living things	Weightlessness	Landforms	Helium	Meteors
10	Living things	Weightlessness	Landforms	Helium	Meteors	Space
11	Weightlessness	Landforms	Helium	Meteors	Space	Living things
12	Landforms	Helium	Meteors	Space	Living things	Weightlessness

Biographical Note

Ying Li was born hearing in Dalian, in the Northeast of China, on August 14, 1973. She became deaf at the age of one because of a high fever and an ear infection. Until the age of 8, Ying went to Dalian School for Deaf and Blind in China. She finished high school at 18 years of age and attended Liaoning Teacher College for Special Education in Yingkou, China, for four years. Ying obtained her B. A. degree in Special Education from Liaoning Normal University, China, and came to Gallaudet University in July of 1999. She was the first deaf person from China to enroll in the M. A. Program in Deaf Education and received her M. A. degree from Gallaudet University in May of 2001.

Ying Li taught reading and mathematics classes for elementary students at the Dalian School for Deaf and Blind, Dalian, China, for a year. She also taught sign language classes at Liaoning Teacher College for Special Education, Yingkou, China. She also worked with preschool deaf children at Mantua Elementary School in Fairfax, Virginia, for a year. She entered Lamar University in August 2002 to complete her Doctorate in Deaf Studies/Deaf Education. She completed her Doctorate on May 14, 2005.